大数据环境下图书馆资源管理研究

陈 欣◎著

经济日报出版社

北 京

图书在版编目（CIP）数据

大数据环境下图书馆资源管理研究 / 陈欣著.

北京 ： 经济日报出版社，2025. 2.

ISBN 978-7-5196-1534-5

Ⅰ．G251

中国国家版本馆 CIP 数据核字第 2024JL5813 号

大数据环境下图书馆资源管理研究

DASHUJU HUANJINGXIA TUSHUGUAN ZIYUAN GUANLI YANJIU

陈　欣　著

出版发行：*经济日报*出版社

地　　址：北京市西城区白纸坊东街 2 号院 6 号楼

邮　　编：100054

经　　销：全国各地新华书店

印　　刷：廊坊市博林印务有限公司

开　　本：710mm×1000mm　1/16

印　　张：12.5

字　　数：210 千字

版　　次：2025 年 2 月第 1 版

印　　次：2025 年 2 月第 1 次

定　　价：78.00 元

前　言

随着大数据时代的来临，图书馆作为知识信息的集散地，其资源管理面临着前所未有的挑战与机遇。大数据不仅改变了传统图书馆信息资源的存储、处理和分析方式，更对图书馆的服务模式和管理理念提出了新的要求。因此，对大数据环境下图书馆资源管理进行深入研究，对于提升图书馆服务质量和信息资源利用效率，推动图书馆事业的创新发展具有重要意义。

本书首先解析大数据的内涵、特征及其在各领域中的应用趋势，对图书馆在大数据时代所面临的机遇、挑战进行分析。同时对图书馆资源的传统管理模式进行剖析，指出其局限性，并介绍了在数字信息环境中，图书馆资源管理模式的创新与实践。本书还介绍了大数据技术在图书馆资源管理中的应用，包括数据采集、存储、挖掘及安全隐私保护等关键技术。针对大数据环境下图书馆信息资源与人力资源的管理，提出相应的策略与建议。最后，本书从资源内容、信息服务到大数据质量管理等方面对图书馆资源质量管理进行深入研究，为提升图书馆资源质量提供了有益的参考。

本书在写作过程中参阅了部分学者的相关资料，在此表示最诚挚的谢意！由于作者水平有限，书中难免有疏漏或不妥之处，恳请各位专家、同行及广大读者批评指正。

陈　欣

2024 年 10 月

目 录

第一章 大数据时代的到来

第一节　大数据的内涵与特征

一、大数据的内涵

（一）大数据的概念

大数据，又称巨量资料，指的是所涉及的资料量规模巨大到无法通过主流软件工具，在合理的时间内达到撷取、管理、处理并整理成为帮助企业经营决策更积极目的的资讯。

根据麦肯锡全球研究所给出的定义，大数据是一种规模大到在获取、存储、管理、分析方面大大超出传统数据库软件工具能力范围的数据集合，具有海量的数据规模、快速的数据流转、多样的数据类型和价值密度低四大特征。

"从互联网技术层面来看，大数据技术和云计算技术两者密不可分。一方面，大数据的处理和计算功能无法通过单台计算机实现，想要实现就必须采用分布式架构，对巨量的数据进行分布式挖掘，因此必须依托云计算的分布式处理、分布式数据库和云存储、虚拟化技术。另一方面，大数据带来的经济效益能很好地为发展相关技术的企业提供反哺，使业界顶级互联网公司能在相关领域投入更多资金，促进相关技术发展。"[①]

大数据是数字化世界的新型战略资源，是未来互联网产业生态创新的重要组成因素，它正在改变人类原有的生产和生活方式，是人类文明进步发展的重要基石。

---

① 薛亚许. 大数据与人工智能研究 [M]. 长春: 吉林大学出版社, 2023: 3-4.

（二）大数据的本质

1. 大数据是科学

从自身维度看，大数据是数据科学。数据科学以海量的数据为研究对象，研究各个科学领域所遇到的具有共性的数据问题，通过对数据规律的研究来实现对科学问题的解答。"人—机—物"交互融合的三元世界的数量化表征及其网络关系成为大数据研究的共性问题。

另外，大数据还催生了新生学科，学科的边界逐渐模糊：大数据与金融学结合催生出金融科技方向；互联网、复杂网络理论、社会学、数据挖掘相结合催生出社交网络乃至社会计算方向；计算机与媒体学（含新闻媒体）结合催生出数字媒体处理方向；数据挖掘与生物学结合催生出计算生物学方向等。

2. 大数据是技术

从支撑维度看，大数据是技术平台。大数据的任何一个环节都与传统数据处理方式不同，大数据的采集、存储、处理及分析等各个环节都必须依赖全新的技术支持，因此有学者认为大数据的核心就是技术，然后才是产业，或是资源，或是方法论，或是学科。大数据技术是一个体系，包括采集技术、存储技术、过滤处理技术、分析技术、可视化技术、删除技术及安全技术等。

3. 大数据是工具

从工具维度来看，大数据已经成为一种独特的研究方法。随着大数据时代的到来，科学领域正迎来第四范式——数据密集型科研，这一范式继实验、理论和计算模拟之后，成为科研的新方向。这种研究模式的显著特点在于，它并不追求数据的整齐和精确，而是更看重数据的规模和代表性；它不再过分强调因果关系的探寻，而是侧重于规律的总结和提炼。这种范式不仅应用于科学领域，更在各行各业中发挥着重要作用，大数据成为从复杂现象中洞察本质的有力工具。

实际上，大数据思维的价值已经超越了数据本身。它蕴含着巨大的潜力和能量，能够引领我们从一个全新的视角去看待世界。克里斯·安德森提出的"理论的终结"观点，就体现了这种思维方式的转变。他认为，传统的以因果关系验证猜想的研究范式在大数据时代已显得力不从心，而被纯粹的相关关系研究所取代。虽然理论在物理、化学等学科中仍占有一席之地，但大数据分析并不依赖于固定的概念，数据洪流正推动着科学研究方法的变革。

在这过程中，相关关系的分析和利用变得尤为重要。应用数学作为一门学科，正逐渐成为人们认识和改变世界的重要工具。通过对大数据中相关关系的深入挖掘，我们能够发现隐藏在数据背后的规律，从而更好地理解世界、预测未来，并推动各行各业的创新发展。

4. 大数据是资源

"从价值维度看，大数据是潜在资源。麦肯锡咨询公司曾预测大数据能使制造业装配成本降低 50%，零售业增加 60% 的利润。事实上在社会治理、医疗行业，大数据每年创造的价值预计超过 3000 亿美元，这不是简单地用 GDP 可以衡量的。可见广义的大数据产业百倍于狭义的大数据产业，大数据的服务业属性大于大数据的制造业属性，大数据对其他产业的影响大于对其直接产业的影响，大数据的社会效益大于其直接经济效益，大数据影响之大和受到广泛重视也正是因为其溢出效应明显。"[①]

麦肯锡咨询公司在其报告《大数据：创新、竞争和生产力的下一个前沿领域》中明确指出，数据已经跃升为与物质资产和人力资本并驾齐驱的重要生产要素。在未来的竞争格局中，大数据的运用将成为决定竞争力、生产力、创新能力以及消费者剩余创造能力的关键所在。领军企业与其他企业之间的显著差距，很大程度上将体现在对大数据的利用上。大数据就像是信息社会的"富矿"，其开发和应用所蕴含的价值潜力难以估量。通过对大数据的深入处理，我们能够发掘其中潜藏的商业价值，进而实现巨大的商业利润。在全球范围内，研究大数据、开发大数据已经逐渐成为一种新兴的职业方向，吸引了众多人才的关注和投入。

二、大数据的特征

一般认为，大数据主要具有"4V"典型特征，即大量（volume）、多样（variety）、高速（velocity）和价值（value）。

---

① 邢心菊，吕英，陈磊. 大数据环境下图书馆资源管理及其信息化建设［M］. 北京：北京工业大学出版社，2021：6.

（一）数据体量大

人类进入信息社会以后，数据以自然方式增长，其产生不以人的意志为转移。从 1986 年开始到 2020 年的 30 多年时间里，全球数据的数量增长了几百倍，此后的数据量增长速度将更快。我们正生活在一个"数据爆炸"的时代，当今，世界上只有 25% 的设备是联网的，大约 80% 的上网设备是计算机和手机，而在不远的将来，将有更多的用户成为网民，汽车、电视、家用电器、生产机器等各种设备也将接入互联网。随着 Web2.0 和移动互联网的快速发展，人们已经可以随时随地在博客、微博、微信朋友圈等在内的平台上发布各种信息。随着物联网的推广和普及，各种传感器和摄像头将遍布我们工作和生活的各个角落，这些设备每时每刻都在自动产生大量数据。

综上所述，人类社会正经历第二次"数据爆炸"。各种数据产生速度之快、产生数量之大，已经远远超出人类可以控制的范围，"数据爆炸"成为大数据时代的鲜明特征。根据著名咨询机构 IDC（Internet Data Center）的估测，人类社会产生的数据每年都在以 50% 的速度增长，也就是说，每两年就约增加一倍，这被称为"大数据摩尔定律"。这意味着，人类在最近两年产生的数据量相当于之前产生的全部数据量之和。

（二）数据类型多

大数据涵盖了结构化、半结构化和非结构化数据，其中非结构化数据已逐渐占据主导地位。根据 IDC 的调查报告，企业中的非结构化数据占据了高达 80% 的比例，并且这些数据每年都在以惊人的指数级速度增长。

面对如此多样化和异构的数据，数据处理和分析技术正面临着前所未有的挑战与机遇。传统的数据主要被存储在关系型数据库中，然而，在 Web2.0 等应用领域，非关系型数据库逐渐成为数据存储的"新宠"。这种转变意味着在数据集成过程中需要进行复杂的数据转换，而这一过程不仅烦琐，且难以有效管理。

传统的联机分析处理（OLAP）技术和商务智能工具大多针对结构化数据设计，而在大数据的时代背景下，能够友好支持非结构化数据分析的商业软件将具有巨大的市场潜力。因此，开发能够适应这一趋势的新型数据处理和分析工具，成为业界关注的焦点和未来的发展方向。

（三） 处理速度快

大数据时代的数据产生速度非常迅速，而很多应用，都需要基于快速生成的数据给出实时分析结果，用于指导生产和生活实践，因此，数据处理和分析的速度通常要达到秒级响应，这一点和传统的数据挖掘技术有着本质不同，后者通常不要求给出实时分析结果。

"为了实现快速分析海量数据，新兴的大数据分析技术通常采用集群处理和独特的内部设计。以谷歌公司的 Dremel 为例，它是一种可扩展的、交互式的实时查询系统，用于只读嵌套数据的分析，通过结合多级树状执行过程和列式数据结构，它能做到几秒内完成对万亿张表的聚合查询，系统可以扩展到成千上万的 CPU 上，满足谷歌上万用户操作 PB 级数据的需求，并且可以在 2~3 秒内完成 PB 级数据的查询。"[1]

对于大数据应用而言，必须在 1 秒内形成答案，否则处理结果就是过时和无效的。实时处理的要求，也是大数据应用和传统数据仓库技术的关键差别之一。

（四） 价值密度低

存储和计算 PB 级的数据无疑是一项高成本的任务。尽管大数据为我们提供了前所未有的便利，但相较于传统关系型数据库中的数据，其价值密度确实较低。

在大数据时代，许多有价值的信息都隐藏在庞大的数据海洋中。尽管大数据的价值密度不高，但其潜在的商业价值却是巨大的。以小区监控视频为例，如果没有发生任何意外事件，那么连续产生的视频数据在大多数情况下都是无价值的。只有在出现偷盗等异常情况时，那一小段记录了事件过程的视频才具有真正的价值。然而，为了捕捉这些关键时刻的宝贵视频，则必须投入大量资金购买监控设备、网络设备和存储设备。同时，还需要消耗大量的电能和存储空间来持续保存摄像头传来的监控数据。因此，在利用大数据的同时，还需要充分考虑其带来的成本挑战，并寻求更加高效和经济的解决方案。

---

[1] 刘春燕，司晓梅. 大数据导论 [M]. 武汉：华中科技大学出版社，2022：16.

第二节　大数据的时代意义

一、大数据的国家战略意义

大数据是一个事关我国经济社会发展全局的战略性产业，大数据技术为社会经济活动提供决策依据，提高各个领域的运行效率，提升整个社会经济的集约化程度，对于我国经济发展转型具有重要的推动作用。因此，如何发展大数据已经成为国家、社会、产业的一个重要话题。

近年来，我国的大数据产业政策稳步推进，致力于实现数据强国的宏伟目标。2017 年 1 月，工业和信息化部发布了《大数据产业发展规划（2016—2020年）》，全面部署"十三五"时期大数据产业发展工作，加快建设数据强国，为实现制造强国和网络强国提供强大的产业支撑。党的十九大提出，要加快建设制造强国，加快发展先进制造业，推动互联网、大数据、人工智能和实体经济深度融合。报告把大数据发展与我国的经济体系建设紧密地融合在一起。2021 年 11月，工业和信息化部发布的《"十四五"大数据产业发展规划》指出，数据是新时代重要的生产要素，是国家基础性战略资源，并明确提出了未来五年内大数据发展的任务、方向和目标。此外，在数字建设、数据安全等方面也有不少政策颁布实施，如《数字中国建设整体布局规划》《工业领域数据安全能力提升实施方案（2024—2026 年）》等。

从国家层面上讲，大数据在推动中国经济转型方面也将发挥重要作用。其一，通过大数据的分析，可以帮助解决中国城镇化发展中面临的住房、教育、交通等难题。例如，在城市发展中，大数据是"智慧城市"建设中不可或缺的组成部分。通过对交通流量数据的实时采集和分析，可以指导驾驶者选择最佳路线，改善城市交通状况。其二，通过大数据的研究，有助于推动钢铁、零售等传统产业升级，向价值链高端发展。其三，大数据的应用，可以帮助中国在发展战略性新兴产业方面迅速站稳脚跟，巩固并提升竞争优势。

二、大数据对图书馆的意义

大数据对图书馆而言，无疑有着革命性的意义。它不仅深化了图书馆的资源管理与服务提升，更在科研、教学以及管理层面注入了新的活力。

首先，大数据的引入使得图书馆的资源配置更为精准。通过对借阅数据、搜索记录等海量信息的分析，图书馆能够洞察哪些书籍资料受到读者的青睐，哪些则较少被触及。基于这些洞察，图书馆可以更加科学地调整藏书结构，确保资源得到高效利用，更好地满足读者的多元化需求。

其次，大数据在提升图书馆服务质量方面发挥着关键作用。通过深度挖掘和分析读者的借阅行为、阅读习惯等数据，图书馆能够精准把握读者的兴趣和需求，为他们提供更个性化的服务。无论是推荐相关书籍，还是提供定制化的阅读建议，都能让读者感受到图书馆贴心、专业的服务。

再次，大数据也为图书馆的科研与教学提供了有力支持。通过大数据分析，图书馆能够了解各个学科领域的热门书籍和资料，为学者和学生提供更为精准的资源推荐。同时，图书馆还可以利用大数据进行学术趋势预测，为科研和教学提供前瞻性的指导。

最后，大数据在改进图书馆管理方面同样发挥着重要作用。通过对图书流通、保存状态等数据的实时监控和分析，图书馆能够及时发现管理中存在的问题，并采取相应的措施加以改进。这不仅提高了图书馆的管理效率，也为读者创造了更加舒适、便捷的借阅环境。

第三节　大数据的应用及发展

一、大数据应用

在大数据时代，数据已深刻影响到国家经济社会的方方面面，无所不在。大数据技术的广泛运用，对工业制造、农业生产、商业经济、政府管理等传统领域产生了颠覆性的变革。它不仅催生了生产模式和商业模式的创新，更为完善社会治理、提升政府服务和监管能力开辟了新的道路。通过大数据的精准分析和应用，能够更加高效地解决社会问题，提升政府决策的科学性和精准性，为社会的和谐稳定与发展进步提供强有力的支撑。

（一）政府管理

政府拥有和管理着海量的数据资源。利用这些数据，政府能够更好地了解社会和经济指标的变化，解决城市管理、安全管控、行政监管中的实际问题，提高决策的科学化和管理水平的精细化。大数据在政府决策中的典型应用有以下几种。

1. 市场监管

大数据的理念、技术与资源，无疑为政府提供了对市场主体服务与监管的新机遇，引领市场监管从传统的"园丁式监管"向更为智能、高效的"大数据监管"模式转变。

大数据的核心理念在于全面、深入地挖掘数据价值，使政府能够更广泛地收集市场主体信息，细致入微地分析市场动态。借助这种深度的数据挖掘，政府不仅能够洞悉市场主体的运营状况和发展脉络，更能精准捕捉潜在风险，为市场主体提供更具针对性的服务与支持。

同时，大数据技术的不断革新，为政府监管提供了强大的技术支持。通过先进的数据处理和分析手段，政府能够实时追踪市场主体的行为，迅速发现并应对潜在问题。这种动态、实时的监管方式，不仅提高了监管的精准度和效率，更为政府决策提供了坚实的数据基础。

此外，大数据资源的丰富性也为政府提供了更多的信息来源。通过整合各类数据资源，政府能够构建更为完整、全面的市场主体画像，为个性化服务和精准监管提供有力支撑。

2. 社会管理

政府通过对居民健康指数、流动人员管理、社会治安隐患等一系列在城市化进程中产生的大数据进行挖掘和利用，可以更完善地决策、解决社会问题，提升社会管理的能力。

通过对居民健康指数的大数据进行分析，政府能够更准确地掌握居民健康状况，及时发现潜在的健康问题，并采取相应的措施进行干预。这不仅可以提高居民的生活质量，还可以降低医疗支出，为社会带来经济效益。

同时，大数据在流动人员管理方面也发挥着重要作用。通过对流动人员的行为、习惯等数据进行深入挖掘，政府可以更好地了解流动人员的需求和问题，为他们提供更精准的服务和支持。这不仅有助于提升流动人员的获得感和幸福感，还可以维护社会的稳定和安全。

此外，大数据还可以用于社会治安隐患的预测和防范。通过对社会治安数据进行分析，政府能够及时发现潜在的治安问题，并采取相应的措施进行防范。这不仅可以减少犯罪案件的发生，还可以提高居民的安全感。

3. 政府数据开放与社会创新

政府作为社会管理的核心，拥有庞大的信息资源库，据统计，政府部门掌握的信息资源占据了全社会信息总量的约80%。这些信息不仅数量庞大，而且具有较高的质量和可信度，涵盖了社会、经济、文化等多个领域。政府推进大数据的开放与共享，对于社会的进步和发展具有重大意义。通过开放大数据，政府能够激活这些"沉睡"的数据资源，让它们在社会各领域中发挥更大的作用。这不仅能够带动相关产业的飞速发展，如数据分析、云计算等，产生巨大的经济效益，还能够推动应用创新，提升社会治理水平。同时，大数据的开放还能够促进政府决策的科学化、民主化，提高政府服务效率和公众满意度。

（二）工业领域

随着信息化与工业化的深度融合，工业企业所拥有的数据日益丰富，包括设计数据、传感数据、自动控制系统数据、生产数据、供应链数据等。对工业大数据进行深度分析和挖掘，有助于提升产品设计、生产、销售、服务等各个环节的智能化水平，满足用户定制化需求，提高生产效率并降低生产成本，为企业创造可量化的价值。

在研发设计环节，大数据的运用有效地拉近了消费者与设计师之间的距离。通过对客户需求的精确量化，大数据为设计过程提供明确的指导，从而改变传统的产品设计模式。这一变革不仅提升了研发人员的创新能力，还显著提高了研发效率和质量，使得产品更贴近消费者的真实需求。

在生产制造环节，大数据分析功能的应用对产品生产流程进行深入评估和预测。通过对生产过程的实时监控和调整，大数据能够及时发现问题并提供解决方案，实现全产业链的协同优化。这一过程将数据从单纯的信息转变为具有实际价值的资源，为企业带来更大的竞争优势。

在市场营销环节，大数据技术也发挥了关键作用。它深入挖掘用户需求和市场趋势，帮助企业建立对商品需求的全面分析体系。通过寻找机会产品，进行生产指导和后期市场营销分析，企业能够更准确地把握市场动态，制定科学的商品生产方案。结合用户需求和产品生产，企业最终能够形成满足消费者预期的各类生产方案，提升市场竞争力。

在售后服务环节，工业企业通过整合产品运行数据、销售数据、客户数据，将传统的诊断方法与基于知识的智能机械故障诊断方法相结合，运用设备状态监测技术、故障诊断技术和计算机网络技术，开展故障预警、远程监控、远程运维、质量诊断等大数据分析和预测，提供个性化、在线化、便捷化、智能化的增值服务，形成"制造+服务"的新模式。

如今，工业大数据已经成为工业企业生产力、竞争力、创新能力提升的关键，是驱动智能化产品、生产与服务，实现创新、优化的重要基础，有力推动着工业企业向智能化、数字化转型升级。

（三）商业领域

大数据正在引发商业领域的一场变革。在此背景下，企业传统的市场营销、成本控制、客户管理和产品创新模式正在悄然改变，这将为激励新的商业模式和创造新的商业价值奠定基础。下面是几个大数据商业应用的典型例子。

1. 金融行业

金融业是产生海量数据的行业，来自电子商务网站、顾客来访记录、商场消费信息等渠道的数据不仅数量庞大，而且蕴含着丰富的价值。通过深度挖掘和分析，金融机构能够全面了解客户的消费习惯、风险偏好、信用状况等关键信息。这极大地提升了金融机构的决策效率，使其能够在激烈的市场竞争中迅速捕捉商机，作出科学、合理的决策。

同时，大数据的应用也使得金融机构的营销服务更加精准。基于对客户数据的分析，金融机构能够为客户提供个性化的产品和服务，满足其多样化的需求。这不仅提升了客户满意度，也增强了金融机构的市场竞争力。

此外，大数据还在风控管理方面发挥着重要作用。通过对客户数据的实时监控和分析，金融机构能够及时发现潜在风险，并采取相应的措施进行防范和应对。这有助于降低金融风险，保障金融市场的稳定和健康发展。

2. 零售行业

随着大数据时代的到来，线上和线下零售企业积累了庞大的运营、交易、用户及外部市场等数据资源。这些数据的深度分析与挖掘对零售产业价值链的各个环节产生了深远的影响。

在用户层面，通过精细化的数据分析，企业能够洞察消费者的兴趣点、忠诚度以及潜在的流失风险，从而更加精准地了解用户需求。这种用户洞察为企业提供了制定个性化营销策略、提升用户体验以及增强用户黏性的有力支持。

在市场层面，基于对用户数据的分析，企业能够实现更加精准的市场细分。这有助于企业针对不同消费群体制定差异化的营销策略，优化分销渠道，提高市场覆盖率和占有率。

在商品层面，销售数据的分析使企业能够精准掌握市场动态和消费者需求。通过减存提利、优化产品组合以及创造新产品和衍生产品，企业能够提升商品竞争力，实现更高的经济效益。

3. 物流行业

在信息技术和大数据技术的影响下，物流行业正朝信息化、自动化、智能化的方向发展，传统物流模式将逐步升级为更加高端的智慧物流。借助大数据技术，物流企业能够及时了解物流网络中各个节点的运货需求和运力，合理配置资源，降低货车的超载率和返程空载率，提高运输效率。通过大数据分析，物流企业在物流中心选址过程中，能够充分考虑产品特性、目标市场、交通情况等多方面因素，从而优化资源配置，降低配送成本。

4. 广告业

大数据技术为广告业注入了新的活力，引领着行业在消费者洞察、媒介投放策略以及广告效果评估等多个层面进行深刻变革。借助大数据挖掘技术，广告公司能够深入剖析消费者的内容接触轨迹、消费行为数据以及网络社交关系等繁杂的非结构化数据，进而提炼出消费者的消费习惯、价值观念和生活方式等核心信息。通过对这些深度数据的整合，广告公司能够构建出全方位、多角度的用户画像，为精准定位目标用户、制定广告内容、选择推送方式以及确定投放平台提供有力指导。这不仅有助于降低广告投入成本，更能显著提升客户的转化率，实现广告效果的最大化。

（四）公共服务领域

公共服务领域采用大数据技术，有助于促进公共服务决策的科学化，使得政府能够合理配置有限的公共资源，从而为社会公众提供更加个性化和精准化的服务。目前，大数据在电信、交通、医疗、教育、环境保护等领域得到了广泛应用。

1. 电信行业

电信运营商拥有业务信息、网络信息、用户信息等丰富的数据资源。通过全面、深入的数据分析与挖掘，运营商能够实现精细化的流量经营，创造个性化的客户体验，提供多元化的信息服务，从而推动电信行业的产业升级和商业创新。

2. 交通管理

通过收集和分析交通流量数据，交管部门能准确预测交通状况，动态优化信号灯配时，缓解拥堵问题。同时，大数据助力公交调度与线路优化，根据人口分布和出行规律，合理安排公共交通资源，提升运营效率和服务质量。此外，大数据还能用于事故预防与驾驶行为分析，通过识别高风险驾驶行为，提前预警并减少事故风险。智能停车管理也离不开大数据支持，实时掌握停车位信息，方便驾驶员快速找到停车位，减少停车难题。在物流领域，大数据为路线导航和物流优化提供了有力支持，能够提高物流效率，降低成本。

3. 医疗卫生

通过整合医疗、药品、气象和社交网络等相关医疗信息数据，可以提供流行病跟踪与分析、临床诊疗精细决策、疫情监测及处置、疾病就医导航、健康自我检查等服务。

4. 教育行业

通过广泛收集数字教育资源，能够构建一个丰富多样的知识库，满足不同学生的学习需求。同时，对教师和学生的基本信息数据进行深度分析，了解他们的学习特点与习惯，为个性化教学提供有力支撑。此外，行为数据和偏好数据的收集与分析，使教师能够更准确地把握学生的学习进度和兴趣点，实现因材施教，让每个学生都能在适合自己的教学方式下取得最佳学习效果。这不仅优化了教学过程，提高了教学质量，还为教育政策调整提供了科学、客观的决策支持。

5. 环境保护

"利用大数据技术对水质、气候、土壤、植被等环境信息进行分析与挖掘，可以更为科学合理地开发和利用自然资源，减少人们对生存环境的破坏，同时还能够对空气、水源污染的分布情况和影响程度进行预判，从而制定出科学合理的治理方案。"[①]

目前，随着越来越多的第三方服务机构的参与，不断有新的公众需求被挖掘出来，大数据在公共服务领域的应用场景也逐步丰富。

二、大数据的发展

随着前所未有的海量数据聚集与处理，大数据呈现出以下发展趋势。

（一）大数据将创造新的细分市场

大数据市场上将出现以数据分析和处理为主的高级数据服务和以数据分析作为服务产品提交的分析即服务业务，整合管理多种信息，创造对大数据进行统一访问和分析的组件产品，基于社交网络进行社交大数据分析，甚至会出现大数据技能的培训市场，教授数据分析课程等。未来，针对特定行业和业务流程的分析应用将会以预打包的形式出现，这将为大数据技术供应商打开新的市场。

（二）大数据应用促使商业模式向以数据租售为直接盈利的模式转变

数据的租售现已成为一种现实存在的直接盈利手段，无论是搜索引擎行业、

---

① 施苑英. 大数据技术及应用 [M]. 北京：机械工业出版社，2021：10.

电子商务领域还是人力资源行业，都通过出售原始的互联网数据或者经过处理分析的商业结果来获取直接的利益，以商品化的数据应用创造了新的商业模式。除此之外，围绕数据产生的商业模式不仅是数据的租售模式，还包括信息的租售模式、数字媒体模式、数据空间运营模式等。需要注意的是，此处的"数据租售"与非法数据交易是不同的。

(三) 大数据由网络数据处理走向企业级应用

大数据由网络数据处理走向企业级应用，是信息技术发展的必然趋势，也是现代企业提升竞争力、实现业务创新的重要途径。过去，大数据主要集中在网络数据处理领域，用于分析用户行为、优化网站性能等。随着技术的不断进步和应用的深入，大数据逐渐渗透到企业级应用中，成为企业决策和运营的重要支撑。

目前，大数据的技术主要应用于互联网或者通信运营巨头，但随着企业信息化应用的逐渐深入，信息处理系统也产生了大量的数据，对于这些数据的分析和应用将促使企业的基础 IT 架构、数据处理、应用软件的开发和管理模式等领域产生新的变革。通过收集、存储和分析海量数据，企业可以更深入地了解市场需求、客户行为、产品性能等关键信息。这些信息不仅有助于企业制定更精准的营销策略，优化产品设计和生产流程，还能帮助企业预测市场趋势，降低运营风险。

此外，大数据的应用还推动了企业业务的创新。例如，基于大数据分析，企业可以开发出更加智能化的产品和服务，提升用户体验和满意度。同时，大数据还可以帮助企业实现跨界合作和资源整合，开拓新的业务领域和增长点。

(四) 大数据成为智力资产和资源，信息部门从成本中心转向利润中心

现今，越来越多的企业意识到，数据和信息已经成为企业的智力资产和资源，数据的分析和处理能力正在成为企业日益倚重的技术手段，合理有效地利用数据，能够为企业创造更大的竞争力、价值和财富，以实现企业数据价值的最大化，更好地实施差异化竞争。掌控数据就可以支配市场，同时意味着巨大的投资回报，企业的 IT 部门拥有越多的数据资产，获得数据潜在价值的可能性越大。

（五）大数据从商业行为上升到国家发展战略

随着数据量的迅猛增长，企业或政府等机构不仅需要在带宽和存储设备等基础设施上增加大量投入，还需国家层面更新信息化战略以适应这一变革。近几年来，中国物联网政策支持力度不断加大，技术创新成果接连涌现，各领域应用持续深化，产业规模保持快速增长，并形成北京—天津、上海—无锡、深圳—广州、重庆—成都为核心的四大产业集聚区。当前，物联网已由概念炒作、碎片化应用、闭环式发展进入跨界融合、集成创新和规模化发展的新阶段。

（六）数据科学越来越大众化

大数据分析将走向大众化，不仅数据科学家、分析师可以钻研更深层面的需求，例如实现新算法以应对客户流失等，一般（非数学专业的）业务人士与管理人员也可以通过不同开发工具实现对各类数据的分析，产生新的价值，例如 MapReduce、统计、图形、路径、时间和地理查询等。

（七）从大数据技术到大数据科学的发展趋势

"大数据研究和发展计划"以政府资金支持大数据科学研究，推动大数据科学核心技术发展的模式，显示了大数据科学不可阻挡的发展趋势。同时，大数据科学核心技术在众多领域所展现的积极作用激励了广大科研人员研究大数据的热情。

第四节 大数据时代下图书馆的机遇、挑战与定位

一、大数据时代下图书馆的机遇

（一）大数据使图书馆能清楚了解读者流失原因，应对生存危机

在当今文化繁荣的时代背景下，图书馆作为我国数字文化服务体系的核心组

成部分，正经历着前所未有的发展机遇与挑战。尽管图书馆在持续发展与建设中取得了显著成就，但随着数字资源的日益丰富和网络的便捷化，许多资源可轻易通过网络直接获取，加之社会化网络交流服务平台的蓬勃发展，图书馆的参考咨询服务优势逐渐减弱，这导致公共图书馆的价值在一定程度上被忽视，读者流失问题愈发严重。

然而，在大数据时代背景下，图书馆也拥有了重新定位和挖掘其服务价值的新契机。借助大数据技术，图书馆可以深入分析读者的信息行为，精准把握读者的需求与意愿。更进一步地通过挖掘用户在交互型知识服务过程中的潜在需求，图书馆能够开展更具针对性和智能化的特色服务，从而重新吸引读者的关注，有效应对生存危机。

（二）大数据使图书馆的各类资源采购有的放矢

近年来，我国图书馆事业蓬勃发展，数字化和网络化服务已成为其服务的主旋律。国家数字图书馆工程、文化共享工程等数字资源建设共享项目，以及各图书馆自建的特色数据库和购买的多元化数据库，共同构成了为读者服务的丰富馆藏数字资源。

当读者访问和使用这些数字资源和纸质资源时，图书馆系统会记录下大量的日志信息。这些日志信息包括图书馆自动化管理系统中读者借还书时产生的流通日志、读者检索书目信息时产生的 OPAC 日志，以及各类数据库系统中读者检索、浏览、下载电子资源时产生的日志等。虽然这些数据在严格意义上可能并不符合大数据的标准，但利用大数据技术，依然能够整合和分析这些日志信息，洞察和预测读者的需求。

例如，复旦大学图书馆就成功运用了大数据技术，实现了对各类数字资源、系统日志信息和读者信息行为数据的全面捕获和数据建模。基于此，复旦大学图书馆建立了图书采访辅助决策支持系统和电子资源使用统计分析及恶意下载监控平台。这些平台不仅为图书馆的馆藏建设提供了科学的决策依据，同时也为用户服务提供了精确的数据支持。

（三）大数据使构建智能型图书馆成为可能

技术引擎一直是图书馆信息服务的技术核心，而智能型图书馆的实现需要各种智能技术引擎的支持，大数据技术可以帮助我们构建资源及服务推荐引擎、读者需求预测引擎和多维度信息资源获取、分析及决策引擎等。美国 Hip type 公司已完成用大数据分析技术来分析电子书读者的阅读习惯和喜好的工作，这是国内外图书情报领域首次利用大数据技术构建知识服务社区实体行为智能分析引擎。大数据技术还可以帮助图书馆更加灵活、方便地从海量结构化及非结构化数据中提取有用的知识、模式、关系用于创新读者服务方式，以建立更加智能、灵活的网络化信息资源组合方式。

二、大数据时代图书馆的挑战

（一）图书馆基础设施的挑战

大数据时代，数据成本的降低促使数据量飞速增长，而读者的一言一行、一举一动等产生的是大量的半结构化和非结构化信息数据。这些信息数据的类型格式、组成结构、存在形态等都非常复杂，传统的架构和信息储存形式已无法满足现实要求。虽然云计算的出现理论上解决了海量数据的存储问题，但由于云计算的应用远没有达到理论所期待的程度，图书馆现有的软硬件等基础设施尚无法构架成满足需求的云存储，因此，在大数据时代，图书馆的基础设施是首要面对的挑战。

（二）图书馆工作人员思想观念和能力的挑战

大数据技术，作为当前的一个前沿领域，其应用仍然处于探索阶段，由于技术和市场等多方面的因素，其普及程度尚未达到预期。正因如此，图书馆工作人员对于大数据的理解往往停留在模糊的概念层面，感觉这项技术距离他们的工作实践相对遥远。在心理和行动上，他们可能难以迅速适应大数据时代的步伐，对于潜在的数据机会缺乏敏锐的洞察力，尚未形成将数据转化为有用知识的服务意识。此外，即便有些馆员意识到了大数据技术在服务读者方面的潜力，但由于技术能力的限制，他们也无法有效地运用这一技术。

（三）图书馆面临技术应用挑战

图书馆界缺乏专业 IT 技术人才是不争的事实，因此，在大数据时代，图书馆如何应用云计算技术及大数据技术来认识、管理和分析其所拥有的各种结构化、半结构化和非结构化数据，如何建立软硬件一体化集成的大数据综合解决方案来完成知识获取、存储、组织、分析和决策等，是图书馆不得不面对的技术应用挑战。

（四）图书馆大数据的安全与隐私问题

"首先，大数据时代图书馆应用云存储是必然的趋势，但由于云计算尚未制定统一的行业标准和规范，所以，云存储本身给图书馆的大数据带来了存储安全问题；其次，图书馆应用大数据就是对读者在图书馆内不同地点留下的数据痕迹进行分析和挖掘，当从不同独立地点将读者的信息行为汇聚在一起，其隐私很可能被暴露出来。而如何在不暴露读者个人隐私的基础上进行数据分析和数据挖掘，对图书馆来说是一个挑战。"[①]

三、大数据时代下图书馆的角色定位

（一）根据大数据受众范围定位大数据教育者和营销者的角色

大数据教育者的角色至关重要，他们能够帮助用户深入理解大数据的核心意义，并教授用户大数据的基本应用技巧。而大数据营销者则致力于引导用户熟悉大数据的应用，并推广其使用范围和策略。通过这两种角色的协同作用，公共图书馆在提供大数据服务时，能够有效地帮助用户认识到大数据的广泛服务领域和核心价值，同时掌握利用大数据实现研究目标的有效方法。这不仅促进了大数据受众群体的逐步扩大，也推动了大数据技术的普及和应用。

在大数据的浪潮下，图书馆的角色可以明确地定位为大数据的教育者和营销者。这一角色定位不仅符合时代发展的趋势，也契合了图书馆作为终身教育机构的本质使命。因此，在大数据图书馆的建设与发展过程中，图书馆应当积极发挥教育者和营销者的作用，推动大数据教学的深入发展。同时，图书馆在推广大数据的过程中，应敏锐捕捉市场机遇，充分挖掘大数据营销者的潜力，以推动图书

---

① 范春玲. 大数据对图书馆的影响研究 [J]. 河南图书馆学刊，2015（1）：125.

馆服务模式的不断创新与发展。

（二）从用户角度定位大数据服务者的角色

对于图书馆的发展定位，需要针对用户进行细致的分析和挖掘。对图书馆来说，其用户是社会个体、群体和单位组织等。因此，在大数据的发展过程中，可以在图书馆的发展基础上根据不同用户的不同需求开展大数据创新服务。

大数据服务类型可以分为三种：倡导服务、顾问服务和分析服务。其中，大数据倡导服务和顾问服务主要针对个人和群体，倡导用户使用潜在的数据资源库，开放获取数据的使用，为专业人员提供数据管理和顾问服务；而大数据分析服务主要面向单位组织开展相关服务工作，辅助合作单位组织推动分析大数据的工作进展，通过多种服务类型的协作配合，共同发挥图书馆大数据服务者的角色作用。

（三）根据图书馆的发展原则定位大数据组织者和存储者的角色

图书馆作为公共文化服务的重要支柱，必须主动投身于探索与发展的实践中。其发展的规模与原则对于大数据的角色定位具有决定性作用。对于普通或规模较小的公共图书馆来说，广泛利用大数据的组织和存储功能并不现实，对大数据的清理、维护和存储功能的需求也相对较低。

要使图书馆真正发挥大数据组织者和存储者的作用，必须具备一定的规模基础。这样，图书馆才能承担起面向大数据系统的组织和存储职责。为此，可以从以下两方面着手：首先，在全国范围内建立大数据信息中心，依据图书馆的发展原则，选择具备一定规模的图书馆作为大数据的存储中心，逐步形成辐射周边地区图书馆的大数据组织和存储网络；其次，通过这一体系的有效建设，不仅可以提升图书馆的基础服务水平，还能进一步完善图书馆的服务体系。

（四）从未来发展趋势定位大数据开发者的角色

"图书馆需要扮演好大数据开发者的角色，从大数据的分析中发现有用的信息知识，开发基于大数据的服务，并将其转化为一种常态化的服务体系。例如，通过与相关的疾控中心开展合作，通过大数据分析来推广疾病预防的信息知识。

而且作为大数据的开发者，图书馆不仅可以关注图书馆内部大数据的信息发展和信息分析工作，还可以考虑图书馆之外的单位组织在发展过程中的数据资源，有效整合内部和外部的信息数据资源，利用数据推动公共图书馆的服务创新工作。"①

从未来发展趋势定位大数据开发者的角色还需要充足的资金支持，以及专业化的人才队伍建设和专业设备设施投入。其中，想要建设专业型人才队伍和提高相关服务人才的专业水平，就需要图书馆组织开展员工专题培训活动，进行专业化的学习培养；同时，需要图书馆针对自身内部进行调整，合理调配各部门的机构设置，并将合理的空间场地规划调配给适合的部门进行使用和管理；此外，需要考虑开发周期等相关问题，避免这些问题成为图书馆履行大数据开发者角色义务的障碍。

---

① 许丽. 大数据环境下图书馆文献信息资源建设与利用研究［M］. 北京：北京工业大学出版社，2023：12.

第二章 图书馆资源管理基础与模式创新

第一节 图书馆资源的内涵及种类

一、图书馆资源的内涵

（一）图书馆资源的概念与构成

1. 图书馆资源的概念

信息科技的产生与发展，使图书馆拥有了丰富的纸质资源和电子资源。图书馆是搜集、整理、收藏图书资料以供人阅览、参考的机构。早在公元前 3000 年就出现了最早意义上的图书馆，图书馆具有保存人类文化遗产、开发信息资源以及参与社会教育等职能。

在 20 世纪 80 年代中期，当图书馆学界提出文献资源、信息资源概念的时候，就有人开始使用图书馆资源一词。到了 20 世纪 90 年代，图书馆界逐渐开始讨论图书馆资源的概念和构成，并且形成多种观点。随着图书馆事业的不断发展，图书馆资源有了较为清晰、合理的概念。[①]

图书馆资源具有广义和狭义两种解读。广义上，图书馆资源是一个动态且有机的整体，涵盖了图书馆为了资源整合与利用而组织起来的多种资源。这些资源包括信息资源、人力资源、馆舍设施、硬件设备、技术以及资金等多个方面。其中，信息资源是图书馆资源的重要组成部分，包括印刷型文献、电子型文献以及网络信息资源等各类可供利用的信息。同时，人力资源也占据重要地位，包括图书馆员和读者资源。

---

① 刘荻，陈长英，刘勤. 现代图书馆资源管理与推广 [M]. 郑州：黄河水利出版社，2022：1.

狭义上，图书馆资源则主要聚焦于馆藏的信息资源。目前，关于图书馆资源的概念尚未有统一的定义，但存在两种具有代表性的观点。一种观点认为，图书馆资源是一个信息集合，它的核心在于动态地整合与利用各类资源，形成一个完整的信息资源体系。另一种观点，则强调图书馆资源是由多种资源构成的有机整体，各部分之间相互联系、相互作用。

从公众的角度来看，图书馆资源主要指的是图书馆的信息资源。人们来到图书馆的主要目的是借阅和利用这些馆藏的信息资源，以满足自己的学习和研究需求。因此，图书馆在管理和利用资源时，应充分考虑公众的需求和期望，为他们提供丰富、高效的信息服务。但是图书馆资源的其他方面是支持这一过程的必不可少的部分，因此，图书馆资源具有以下几个特性：

（1）联系性。联系性是指系统中各组成要素间相互作用、相互关联。图书馆资源各要素之间有着相互依存和相互影响的关系，这种关系决定了图书馆资源内部联系的特性。

（2）整体性。整体性是指按一定方式构成的系统各要素之间的相互联系和制约，体现出各个部分之和小于该整体以及要素与系统间的不可分性。图书馆资源各组成要素构成了一个整体，各要素之间必是密不可分的，但其整体发挥的功效要大于各要素的简单相加，产生"1+1>2"效应。

（3）可用性。图书馆资源是为图书馆而存在并被加以利用的，因而其具有可用性。任何资源失去了可用性，也必然失去其存在的价值。

（4）动态性。动态性是指系统各组成要素必须随着时间的推移以及外部环境的变化而不断发展变化。图书馆资源的动态性决定了图书馆资源会随着时间的变化而不断发展变化，正如图书馆资源从诞生发展至今，其内涵和外延逐步加深和扩大。

（5）有序性。图书馆资源应该是一种有序存在的资源，这样会有助于其利用。

2. 图书馆资源的构成

关于图书馆资源的构成，学术界存在多种不同的观点。

第一种观点是从动态信息资源体系的角度出发，将图书馆资源划分为四个主要方面：信息资源、用户资源、信息人员资源（特指图书馆员）以及信息设施资源（涵盖硬件设备和软件技术）。这一观点强调资源的动态性和交互性，以及信息人员和技术设施在资源体系中的关键作用。

第二种观点同样认为图书馆资源包含四个方面：文献资源（特别是馆藏文献资源）、网络信息资源（包括数字化的静态文献信息和实时的社会网络信息）、人才资源（涵盖图书馆员和读者资源）以及设备资源（涉及馆舍和各种设施）。这一观点更侧重于文献和网络信息的整合，以及人才和设备在资源利用中的重要性。

第三种观点则相对广泛，认为图书馆资源包含七个要素：文献信息资源、人力资源（特指图书馆员）、设备资源、技术资源、建设资源、资金资源以及读者资源。这一观点全面考虑了图书馆运作所需的各类资源，并强调了建设资金和读者在资源构成中的不可或缺性。

第四种观点进一步扩展了图书馆资源的范畴，提出了八个方面的资源：馆藏文献、图书馆专业人员、馆舍设施、设备资源、图书馆品牌、图书馆市场（包括现有读者和潜在读者）、图书馆的政策和法规以及图书馆的理论和方法。这一观点不仅涵盖了实体资源和人力资源，还纳入了品牌、市场以及政策理论等非物质性资源，体现了图书馆资源的多样性和复杂性。

其实图书馆资源的构成不外乎三个方面：信息资源、人力资源、设施资源。这也是当前比较流行的看法，只是人们对此三方面都有各自的理解。从广义的角度看，这三个方面较准确地囊括了上述多种构成，即在三个大资源下再细分各从属小资源，形成一个分类体系。从系统要素的相关效应来分析，上述多种要素已包含在三大资源中，具体如下：

（1）信息资源。信息资源是图书馆存在的基础，包括图书馆中可供利用的所有信息，可分为两部分：文献信息资源、网络信息资源。文献信息资源指的是图书馆内所收藏的为用户提供需求的各类信息资源，包括纸质印刷型与电子型；网络信息资源是指存在于现代计算机网络系统之中，并以联机方式向用户提供服务的信息资源，包括静态的文献数字化信息和动态的社会信息。近年来由于图书馆信息理论的发展，也有人将图书馆的信息资源分为现实馆藏和虚拟馆藏。现实馆藏相当于上述的文献信息资源；虚拟馆藏广义上相当于上述的网络信息资源，狭义上则指各馆间根据本馆的具体情况经过认真组织和筛选的网络信息资源。

（2）人力资源。人力资源是图书馆可持续发展的关键因素，包括图书馆各种人员（图书馆员和读者资源）及由这些人员所衍生出的管理方法，其中图书馆员资源又包括图书馆理论、图书馆政策及相关法规、技术资源。狭义上的人力资源仅指图书馆员，事实上，近年来有关图书馆人力资源开发和管理的研究大多是从狭义的人力资源的定义上来进行的，很少会把读者资源纳入人力资源研究的范畴中。

（3）设施资源。设施资源并不单指设备资源，还包括馆舍、设备以及一些其他用品。其中，设备是主要的资源，其可分为传统设备（如藏书架、阅览椅等）和现代化设备（如计算机、网络交换机等），也有人将现代化设备称为信息设备，包括自动化系统、网络，因为现代设备与技术已融合在一起，所以有不少人称之为技术设备资源。不过从理论上讲，设备与技术应分属于不同的资源范畴。设施资源是图书馆的物质基础，代表了图书馆的先进程度，特别是在当代，现代化设备的配置已成为现代化图书馆的标志，因而其越来越受到重视。

随着信息技术飞速发展，数字化图书馆迅猛发展，图书馆资源也正在走向集成一体化。

（二）图书馆资源的功能

图书馆资源具有以下几种功能。

1. 存储、积累知识与信息的功能

图书馆的文献资源是为了保存和传递社会经验与知识的需要。文献的发展与丰富，其根本原因在于社会知识的积累与知识需求的急剧增长。文献作为知识的载体，其基本功能价值之一就体现在它记录着人类创造的知识，且能够满足社会的知识需求。

2. 传递、扩散信息的功能

在人类社会中，个人、团体、国家为了生存与发展，必须随时掌握大量的有关信息，以监测环境、应对环境的变化，并作出相应的决策和行动。图书馆正是信息文献资源的集散地，是人与自然、社会联系的中介。图书馆是人类在文化交流中的活动场所，并在人类信息交流体系中占有独特的地位。

3. 社会教育的功能

图书馆资源是社会成员获取生产、生活知识的宝库。特别是在当代，文献资源的利用已成为终身教育不可或缺的一环。随着时代的变迁和社会的发展，各种社会风俗习惯、伦理道德、哲学及法律等社会观念都得以通过文献形式被记载和传承。这些文献的传播，不仅将世代相传的社会观念传递给年青一代，促成他们在信息社会中的社会化过程，更对社会成员产生深远影响，成为社会自我调控的重要力量。因此，图书馆资源的有效利用对于个人成长和社会进步都具有重要意义。

4. 文化传播的功能

图书馆的文化保存和传播的过程，是文献生产和传播技术不断进步的过程，同时，也是一个社会信息数量不断增长和信息传递加速的过程。每项新的文献信息都提高了个人和集体的记忆、保存信息的能力，从而使人们能够从事过去所不能从事的活动。换句话说，对于文化发展，文献的交流与传播是其发展的基本条件和手段。文献传播的实质是文献信息交流，因而，文化的发展实际上建立在文献信息交流的基础上。所以，文献信息是人类社会文化不断发展进步的基础之一。文献的文化传播功能主要体现在文献传播具有文化的整合功能，通过文献传播，可以使不同的文化彼此了解、吸收、借鉴，直至认同和融合，趋于一体；文献传播具有文化评价功能，通过文献，人们可以对记录下的自身所处的文化环境进行审视和评价，确定文化的价值，并据此采取行动；文献传播具有文化积淀功能，不仅可以在空间上横向传播，也可以在时间维度上纵向继承，这使得人类的文化财富代代相传，积累下来，成为宝贵的文化遗产。

5. 娱乐欣赏的功能

文献信息资源包括文学影视作品、音乐美术作品和游戏软件等，以满足阅览者丰富业余生活的需要；精美的文献插图和丰富多彩的多媒体信息，能够给阅览者带来愉悦感；同时，阅读文献作为一种休闲方式，也能起到怡情养性的作用。

二、图书馆资源类型

（一）传统图书馆文献资源

传统图书馆收藏的资源比较单一，以实体文献资源为主，按照文献资源不同的标准划分可以有多种类型。

1. 按文献的加工深度划分

文献是信息的主要载体，根据对信息的加工层次可将文献分为一次文献、二次文献和三次文献。

（1）一次文献。人们对自然信息和社会信息进行首次加工而成的文字记载，是文献信息资源的主要部分。例如，专著、报纸、期刊、专利文献、标准文献、会议文献、样本等成品文献均属于一次文献。一次文献数量极为庞大，在内容上是分散的、无系统的，不便于管理和传播。

（2）二次文献。为了控制文献，便于人们查找，需要对一次文献进行再加工。通过整理、提炼和压缩，并按其外部特征（题名、作者、文献物理特征）和内部特征进行有序化管理，形成另一类新的文献形式，就是二次文献。例如，目录、书目、索引、文摘等。二次文献不是一次文献本身的汇集，而是一次文献特征的汇集，通过它们可以很方便地找到一次文献，或了解一次文献的内容。二次文献内容相对集中、系统相对性强，便于管理和传播。

（3）三次文献。三次文献是在对二次文献进行筛选和分析的基础上，进一步综合、整理相关的一次文献，所形成的更高层次的文献形式。常见的三次文献包括专题报告、综述、进展报告，以及手册、百科全书、年鉴等工具书。这些文献具备系统性、综合性、知识性和概括性的特点，它们能够提炼一次文献中的核心内容，帮助人们高效、快速地了解某一领域的现状、动态、发展趋势及相关信息。因此，在搜寻大量的一次文献以获取所需资料时，二次文献和三次文献往往发挥着重要的导航和指引作用，它们是研究工作中不可或缺的重要资源。

2. 按文献的载体形式划分

随着信息的记录与存取技术的更新换代，文献载体形式也呈现出多样化，出现了早期如音像磁带、胶卷，到现代的光盘、数据库等载体。这些非传统纸质载体文献的出现使文献的记录和保存范围进一步扩大，并使文献传递更加迅速，使信息的存储和利用更加便捷。目前，文献主要有印刷型、缩微型、电子型（机读型）和音像型四种。

（1）印刷型文献。印刷型文献是以手写、打印、印刷等为记录手段，将信息记载在纸张上形成的文献。它是传统的文献形式，便于阅读和流传，但存储密度小、体积大，不便于管理和长期保存。

（2）缩微型文献。缩微型文献是以感光材料为载体，用缩微照相技术制成的文献复制品，如缩微胶卷、缩微平片。按其外形可分为卷片型和平片型；按对它的穿透力可分为透明体和不透明体，前者需用透射式阅读机阅读，后者指缩微印刷品，用不透明感光纸印制而成，用反射式阅读机阅读。缩微型文献的特点是存储密度大、体积小，便于保存和传递，但必须借助专门的设备才能阅读。世界上许多文献信息服务机构都欲将长期收藏的文献制成缩微品加以保存。

（3）电子型文献。电子型文献是指以数字代码的方式将图、文、声、像等信息存储到磁、光、电介质上，通过计算机或类似设备阅读使用的文献，也称机读型文献，如各种电子图书、电子期刊、联机数据库、网络数据库、网络新闻、光盘数据库等。其特点是信息存储量大，出版周期短，易更新，传递信息迅速，存取速度快，可以融文本、图像、声音等多媒体信息于一体，信息共享性好，易复制，但必须利用计算机才能阅读。

（4）音像型文献。音像型文献，是通过录音、录像、摄影、摄像等技术手段，将声音、图像等多媒体信息记录在光学或磁性材料上形成的一种特殊文献形式。它常被称为声像资料、视听资料或音像制品，具体形式包括音像磁带、唱片、幻灯片以及激光视盘等。与传统的文字记录方式相比，音像型文献直接记录声音和图像，为人们提供直观的感受，因此也称为直感型资料。音像型文献的显著特点在于其形象性和直观性，尤其适用于记录那些用文字或符号难以精确描述的复杂信息和自然现象。然而，制作和阅读这类文献需要依赖专门的设备和技术，这也使得其使用范围受到一定的限制。尽管如此，随着技术的不断进步，音像型文献在学术研究和日常生活中的应用正日益广泛，成为信息传递和知识普及的重要载体。

3. 按照文献的出版形式和内容划分

按照文献的出版形式和内容，可以将文献分为图书、期刊、报纸、特种文献（学位论文、会议论文、专利文献、标准文献、科技报告、政府出版物、产品样本资料等）。

（1）图书。联合国教科文组织对图书的定义是：凡由出版社（商）出版的不包括封面和封底在内 49 页以上的印刷品，具有特定的书名和著者名，编有国际标准书号（ISBN），有定价并取得版权保护的出版物。

图书是以传播知识为目的，用文字或其他信息符号记录于一定形式的材料之上的著作物；图书是人类社会实践的产物，是一种特定的不断发展着的知识传播工具，包括专著、教科书、词典、丛书、工具书、百科全书等。

（2）期刊。期刊也称杂志，是由多位作者撰写的不同题材的作品构成的定期出版物。期刊有固定刊名，是以期、卷、号或年、月为序，定期或不定期连续出版的印刷读物，且每期内容不重复。出版单位出版期刊，必须经新闻出版总署批准，持有国内统一连续出版物号（ISSN）。根据期刊的出版周期可将期刊分为旬刊、半月刊、月刊、双月刊、季刊、半年刊、年刊。期刊按用途不同可以分为科普类期刊和学术类期刊两大类。而学术类期刊按主管单位的不同，又可以分为省级期刊、国家级期刊、科技核心期刊（统计源期刊）、中文核心期刊（北大中文核心）、中文社会科学引文索引、中国科学引文数据库、双核心期刊等。

（3）报纸。报纸也是连续出版物的一种，是以刊载新闻和时事评论为主的定期向公众发行的印刷出版物。它是大众传播的重要载体，具有反映和引导社会舆论的功能。根据出版周期，报纸可分为日报、早报、晚报、双日报、周报、旬报等。

（4）特种文献。第一，学位论文。学位论文是指为了获得所修学位，被授予学位的人按要求所撰写的一种论文形式。学位论文是学术论文的一种形式，有严格的格式要求，一般不公开出版。学位论文分为学士论文、硕士论文、博士论文三种。第二，会议论文。会议论文是指在会议等正式场合宣读的首次发表的论文。会议论文属于公开发表的论文，一般正式的学术交流会议都会出版会议论文集。会议论文集不是期刊，但是有的期刊会为会议论文出增刊。第三，专利文献。专利文献是包含已经申请或被确认为发现、发明的实用新型和工业品外观设计的研究、设计、开发和试验成果的有关资料，以及保护发明人、专利所有人及工业品外观设计和实用新型注册证书持有人权利的有关资料的已出版或未出版的文件（或其摘要）的总称。第四，标准文献。标准文献是经公认权威机构（主管机关）批准的一整套在特定范围（领域）内必须执行的规格、规则、技术要求等规范性文献，简称标准。第五，科技报告。科技报告是记录某一科研项目调查、实验、研究的成果或进展情况的报告，又称研究报告、报告文献。每份报告自成一册，通常载有主持单位、报告撰写者、密级、报告号、研究项目号和合同号等。其按内容可分为报告书、论文、通报、札记、技术译文、备忘录、特种出版物。第六，政府出版物。政府出版物是由政府机构制作出版或由政府机构编辑并授权指定出版商出版的文献。常见的政府出版物有报告、公报、通报、通信、文件汇编、会议录、统计资料、图表、地名词典、官员名录、国家机关指南、工作手册、地图集以及传统的图书、期刊、小册子，也包括缩微、视听等其他载体的非书写资料。第七，产品样本资料。产品样本资料是指厂商或贸易机构为宣传和推销其产品而印发的资料，如产品目录、产品说明书、产品总览、产品手册等。

（二）现代性图书馆资源

20世纪末的图书馆现代化进程始于图书馆自动化，在此进程中，随着技术的不断改进和革新，先后出现了电子图书馆、数字图书馆、虚拟图书馆等概念。它们都是计算机技术、多媒体技术、网络技术和其他相关技术发展的产物，运用当代信息技术，对文献信息资源进行采集、整理和储存，构成了现在图书馆中的电子文献和电子出版物。另外，利用现代网络技术，图书馆创建了各种各样新的服务平台。这些跟随图书馆现代化进程脚步而产生的资源可以称作图书馆的现代性资源。

电子信息资源，作为信息资源的核心组成部分，实质上就是信息资源的电子化形态。它借助数字技术，将文字、图形、图像、声音、动画等多元信息转化为数字化形式，并存储在光、磁等非传统印刷介质上。这些信息以电信号或光信号的形式进行传输，并通过计算机、通信设备及其他外部设备实现信息的再现。电子信息资源不仅是一个分布式的大型知识库，更是一个以海量数据库为基础，结合智能检索技术和宽带高速网络技术构建的大型、开放、分布式信息库群。它突破了传统载体对资源类型的限制，涵盖了电子图书、电子期刊、电子报纸等多种类型，还包括图书馆馆藏的各种数字格式资源，如学位论文、会议论文、地图、乐谱、政府工作报告等。此外，随着信息技术的不断发展，电子信息资源还涵盖了各种事实型数据库，如经济统计数据库、材料属性数据库以及相图数据库等，这些数据库正在逐步发展完善，为用户提供更加全面、准确的信息服务。

1. 电子图书数据库

电子图书是纸质版图书的电子化形态，两者都是系统论述或概括某一学科，某一领域或某一主题知识的出版物。它们的共同特点是作者对已经发表的科研成果及其知识体系进行的概括和总结，因而内容比较系统全面，所载信息比较成熟可靠。主要用于求知解惑，系统学习某一领域的基础知识。作为一种馆藏资源，电子图书从最初单纯只是单种纸质版图书的图片化集合，很快进化到以 PDF 等格式为代表的电子文档，并随着数量的激增，由数据库软件对众多的电子图书进行管理。其带来的最大好处是，与纸质版图书相比较，即便是单本的中文电子图书，也具备检索系统。

2. 电子期刊数据库

随着期刊的种类急剧增加，尤其是外文期刊的价格大幅上涨等原因，互联网成为一种价廉物美的出版发行渠道，电子期刊也已成为数字图书馆不可或缺的馆藏资源。电子期刊多数来自纸质版期刊的电子化，也有一部分期刊不再出版纸质版，而仅以电子版的形式出版。但无论纸质版还是电子期刊，两者都是一种有固定名称、有一定出版规律的定期或不定期的连续出版物。与图书相比较，期刊的最大特点是内容丰富新颖、发行面广、能及时传递信息。

期刊论文一般都是作者研究的最新成果。它所刊载的科学事实、数据、理论、技术方面的构思和猜想，都具有重要的参考价值。电子期刊数据库的最大特点包括：收录期刊的类型繁多、数量巨大，既有题录信息，也包含全文。例如，CNKI 包括万余种期刊，涵盖理、工、农、医、体、文、史、哲等所有学科门类，既有纯学术性期刊，也包含时事周刊等非学术性期刊。除个别优先出版的论文之外，大多数电子期刊及其所载论文的发行时间相比纸质版期刊要晚数周甚至数月。

3. 会议文献数据库

会议文献是指在各类学术和专业会议上宣读或交流的论文、资料、讨论记录及会议纪要等相关文献。学术会议为研究者们提供了一个面对面交流的平台，使他们能够直接对科学研究的初步成果、遇到的难题以及潜在的发展方向进行评审和讨论。

会议文献的显著特点在于其专业性和针对性强，内容集中统一，能够迅速传递最新信息，因此往往能够反映相关学科领域的最新研究成果和水平。然而，会议文献也存在一些不足之处，其中最为明显的就是其出版的不规律性。这主要体现在出版时间、地点和出版社等方面的频繁变动，使得图书馆难以将其系统地收藏为资源。

为了解决这一问题，会议组织者通常会在出版纸质版供与会者使用的同时，选择将会议文献交由专业的数据库商进行集中出版。这种方式不仅方便了各个数字图书馆统一收藏会议文献的电子版，也提高了文献的获取和使用效率，使得更多的研究者能够便捷地获取到宝贵的学术资源。

4. 学位论文数据库

学位论文是指高等院校、科研机构的毕业生和研究生，为获得相应学位所提交的学术论文。在撰写的过程中，尤其是博士论文，会在收集资料并进行研究的基础上提出一些独创性的观点，因而具有一定的科学价值。由于需要经过专家评审并在获得学位之后，将学位论文提交给其学位授予单位，因此，学位论文通常会印刷一定数量的纸质版。由于纸质版学位论文大部分是不公开出版的，即便出版，印刷数量也有限，因此，很难为广大的图书馆所收藏。为此，建立学位论文数据库成为广泛传播这一类型文献的主要途径。

第二节　图书馆资源管理的目标分析

图书馆资源管理目标就是对资源管理有战略发展计划，并为这一计划制订详细的方案，而这种方案又具有人性化和生态化。

一、对信息资源的管理

文献信息资源作为图书馆三大资源的核心，其管理在图书馆资源管理中占据着举足轻重的地位。为了推动图书馆的持续发展，图书馆在资源管理上需采取一系列策略。

首先，图书馆应持续优化馆藏结构，对资源进行合理布局，并突出其独特的馆藏特色。例如，高校图书馆应根据学校的重点学科，精选具有资源优势和发展潜力的专业、专题和项目，并以此为基石，逐步推进馆藏资源的数字化和网上资源的虚拟化建设，形成独具特色的实体馆藏和虚拟馆藏数据库。

其次，随着信息时代的来临，电子文献资源的地位日益凸显。由于电子文献资源相较于传统文献资源具有整编简洁、提取便捷等优势，许多图书馆都在积极扩展电子资源的馆藏规模，以适应数字化图书馆的发展趋势。

再次，图书馆在资源管理中还需注重传统文献与电子文献的协调。尽管电子文献资源具有诸多优势，但并非所有文献资源都适合转化为电子形式，如古籍等传统文献资源的电子化难度极大，因此，图书馆在资源收藏上仍需重视传统文献的保存与利用。

最后，图书馆资源服务也是提升图书馆整体实力的关键一环。许多图书馆都在积极开展人性化的参考咨询服务，提高文献信息资源的共享化程度，以满足读者多样化的需求，进一步提升图书馆的服务水平和社会影响力。

二、对设施资源的管理

图书馆设施资源包括馆舍、电子设备、日常办公用品、资金等。对于馆舍的管理，按照国家相关的规定执行，必须保证馆舍的质量过关，尤其在地震多发的地区建立的图书馆要特别注意这一点。在图书馆内安装防火、防潮、防盗等器械，并定期进行维护和维修以保证图书馆财产的安全。对于电子设备，图书馆需要安排专业人员进行日常维护和维修工作，保证图书馆内的电子系统能够正常运行。对日常办公用品的管理比较简单，一般都是要求大家对办公用品的使用要爱护、不能私自拿走图书馆的办公用品。对于资金的管理，图书馆应设有管理财务的部门，专门负责图书馆各种资金预算分配等工作。

三、对人力资源的管理

首先，建立完善的用人机制是图书馆实现高效运营和持续发展的关键。这包括优化人员队伍结构，确保图书馆拥有具备专业知识和技能的人才，并注重提高馆员的综合素质。为了实现这一目标，图书馆需要制定科学的招聘、选拔和培训计划，确保新入职的馆员具备适应图书馆工作的基本能力和素质。同时，图书馆还应注重馆员的在职培训和继续教育，帮助他们不断提升专业技能和知识水平，以更好地满足读者的需求。

其次，人本管理是现代图书馆管理的重要理念。根据马斯洛的需求层次理论，人们的需求从生理需求逐渐上升到安全、社交、尊重和自我实现等更高层次的需求。因此，图书馆在管理过程中应充分尊重馆员的个人价值和尊严，关注他们的成长和发展，为他们提供良好的工作环境和条件。通过人本管理，可以激发馆员的工作热情和创造力，促使他们提高工作效率和服务质量，从而实现图书馆和馆员的共同发展。

最后，图书馆实行的目标管理和绩效管理是提升管理效益和工作激情的有效手段。目标管理通过设定明确的目标和指标，使图书馆和馆员都有清晰的工作方向和评价标准。绩效管理则通过对馆员的工作表现进行定期评估和反馈，激励他们不断改进和提高。通过目标管理和绩效管理的结合，可以激发馆员的工作积极性和责任心，促进他们更加努力地工作，为图书馆的发展贡献力量。

四、对财力资源的管理

图书馆财力资源管理的目标是图书馆财务活动所希望实现的结果，是评价图书馆理财活动质量的基本标准，是图书馆财务实践、财务决策的出发点和归宿，也是图书馆财务管理的行为导向，图书馆的一切财务活动都是围绕这个目标而进行的。

图书馆财力资源管理的目标是努力增收节支，合理安排支出结构和控制经费支出，提高资金使用效果，充分利用有限的资金。

第三节　图书馆资源管理的传统模式与挑战

传统的图书馆资源管理模式主要围绕着纸质文献的整理、分类、借阅和归还等核心环节展开。这种模式高度依赖人工操作，图书馆员负责文献的整理工作，记录借阅信息，并确认归还情况。读者如需借阅或归还图书，必须亲自前往图书馆，且服务时间和地点均受到一定限制。此外，由于图书馆资源主要集中于纸质文献，其保存和利用往往受到物理空间的局限，这在一定程度上影响了资源的有效利用和共享。

然而，这种传统模式在应对现代社会的快速发展和读者需求的多样化时，面临着诸多挑战：

一、效率低下与人力成本高昂

传统模式下，图书馆员需要投入大量的时间和精力进行文献的整理、借阅和归还等操作。这不仅使得图书馆的服务效率低下，而且增加了人力成本。特别是在大型图书馆中，由于文献数量庞大，这种挑战更加明显。

二、资源利用不足与浪费

由于物理空间的限制，图书馆无法无限制地收藏文献。这导致一些珍贵但利用率不高的文献无法得到有效的保存和利用，而一些热门文献则可能因为借阅频繁而损坏。此外，由于缺乏有效的资源共享机制，不同图书馆之间的资源重复建设问题也普遍存在。

三、服务受限与读者需求多样化

传统模式下，图书馆的服务时间和地点相对固定，无法满足读者随时随地的借阅需求。同时，随着信息技术的发展，读者的阅读方式和需求也在发生变化，他们更加倾向于使用电子资源、移动阅读等方式获取信息。然而，传统模式在这方面的服务能力有限，难以满足读者的多样化需求。

四、缺乏个性化服务与智能化管理

传统模式下，图书馆很难根据读者的兴趣和需求提供个性化的推荐服务。同时，由于缺乏智能化的管理手段，图书馆在资源采购、分配、使用等方面也难以实现精细化管理。

为了应对传统图书馆资源管理所面临的挑战，图书馆行业亟须进行改革和创新。具体而言，可以采取以下措施：首先，引入数字化技术，将纸质文献转化为电子资源，从而突破物理空间的限制，实现远程借阅和在线阅读，为读者提供更加便捷的服务。其次，利用大数据分析技术，对读者的借阅记录进行深入分析，挖掘出读者的阅读偏好和需求，为他们提供个性化的推荐服务，提升阅读体验。再次，开发移动应用程序，使读者能够随时随地进行借阅、查询等操作，进一步拓宽服务渠道。最后，加强与其他图书馆或信息机构的合作，实现资源共享和互补，共同推动图书馆事业的繁荣发展。通过这些改革和创新措施，图书馆资源管理将能够更好地适应时代的需求，为读者提供更加高效、便捷的服务。

总之，图书馆资源管理的传统模式已经无法满足现代社会的需求，需要进行改革和创新，以适应时代的发展和读者的需求。

第四节　数字信息环境下图书馆资源管理模式创新

在数字化背景下，信息技术飞速发展，人们获取信息的途径与载体都发生了巨大变化。随着越来越多的用户开始通过互联网渠道来索引所需的信息资源，图书馆不仅要完善自身网络功能，更要关注网络查询的安全性，如此才能够保证在快捷提供图书资源的同时，保护用户的个人信息不受侵害，使图书馆整体服务水平获得全面提高。

一、数字信息环境下图书馆资源管理工作的主要变化

（一）实现信息资源的共享传递

传统的图书馆资源管理工作一直致力于追求图书资源的共享服务。但是由于地域、空间、技术水平等方面的限制，尚未实现资源信息的共享，一些珍贵的书籍文献难以实现无障碍传播，故而在一定程度上为人们翻阅查找信息造成了困难。而在数字化环境下，数据资源享有便捷的传播特性，可以有效实现图书馆之间的共享资源交流，促使不同类别的图书馆系统都能够实现横向、纵向的灵活对接，打造数字信息资源一体化的搜索平台。同时，图书馆的图书资源变得更加丰富，保证人们获取信息的途径迅捷，甚至可以做到足不出户便在网络中获得需要

的信息。

（二）发挥知识信息的经济价值

图书馆作为知识的宝库，汇集了各类知识信息与学术成果，蕴含着海量的图书信息。在数字信息时代，图书馆展现出的高效、精准的信息索引功能，极大地提升了图书资源的经济价值，使得人们能够更便捷地利用馆藏信息进行快速查询。

与此同时，图书馆的资源管理部门积极与企业或高校展开合作，通过整合自身及合作方的人力资源，共同投入技术研发工作。这种合作不仅将文字记载的知识内容转化为具有实际价值的科研产物，推动新知识的创造，更体现了图书馆在经济效益与社会效益方面的双重贡献。

（三）助力电子出版的快速发展

在图书馆书籍资源中，有一部分图书信息资料通常会设置一定的保密年限。这部分信息资料有较高的学术研究价值和经济价值。在数字化资源管理工作视角下，图书馆可以借助信息技术高度快捷且精确的统计功能，专门针对这部分信息进行管理，从而在书籍资料保密周期即将失效之前，提前申请，在获得准许后将保密年限到期后的信息资料第一时间以电子出版物的形式推向公众，如此不仅能够满足读者需求，也有利于推动国内电子出版行业的高速发展。

二、数字信息化背景下图书馆资源管理存在的问题

在数字化环境下，图书馆带给人们的不仅是全新的信息载体和阅读形式，也推动了图书管理模式的改变，体现在图书馆资源管理服务工作上，这一管理模式为用户创造了很大的阅读便利，但是在工作过程中同样面临挑战，需要客观认识并解决，才能够真正意义上带动图书馆服务水平的全面提高。具体而言，主要存在以下几个方面问题。

（一）网络安全服务问题

图书馆所蕴含的资源珍贵无比，尤其在知识经济的时代背景下，它收藏了人

类大量的宝贵财富。然而，随着信息化进程的加速，信息安全问题也逐渐浮出水面，需要我们高度重视。因此，在数字化背景下，必须重点关注图书馆的保密功能，以应对新形势下可能出现的各种工作挑战，并确保知识产权不受侵犯。这不仅是对图书馆资源价值的保护，也是对知识产权的尊重和维护，是我们在数字化时代中必须认真面对和解决的问题。

（二）用户诉求难以充分满足

图书资源的数字化发展，使得人们不再满足于传统的纸质文献阅读方式，开始追求多元化的图书阅读形式。但是由于资金或其他客观因素的限制，图书资源的数字化转化速度相对缓慢，数字管理模式还没有达到预期效果。因此，图书资源管理工作依旧停留在传统的管理方式，无法满足部分用户的信息查阅需求，在一定程度上影响了图书馆服务水平的提升。

（三）资源管理工作价值需要重新定位

以往图书馆的书籍管理工作主要集中于书籍保养与维护，避免珍贵文献遭到破坏。而随着海量数据储存在网络中，图书资源管理重心开始迁移，更多偏向于信息价值开发以及资料研究方面，因此图书馆工作人员需要对此形成足够认识。

三、数字信息背景下图书馆图书资源管理的创新建议

（一）扩充自建数字资源的体量

拥有高品质、类型多的海量数字资源是满足读者服务的资本之一。因此，图书馆必须扩充数字资源的体量。在图书馆经费偏少的情况下，合法地扩充数字资源的渠道有两种：一是本馆资源的数字化；二是有效获取馆外免费数据。

1. 逐步进行本馆资源数字化

在经费紧张的条件下，图书馆难以一次性将大量传统文献转化为数字化文献，因此，必须采取策略性选择，分期分批地推进馆藏数字化工作。当前，馆藏数字化应优先关注两大类别：一是满足本馆读者直接需求的馆藏资源；二是为馆际数字资源共享奠定基础的特色馆藏。

为满足本馆读者的需求，数字化馆藏的选取应紧密围绕读者的阅读偏好和学术需求，确保数字化资源能够直接服务于读者。同时，为了促进馆际数字资源的共享与利用，图书馆应着重将本馆独有的特色馆藏，如地方文献、民族文献以及其他珍稀文献进行数字化处理。这类特色数据库的建设与共享，不仅有助于改善图书馆数字资源共性过多、利用率不高的问题，还能促进各图书馆之间的资源互补与共享，提升整体服务效能。

2. 精准获取馆外免费数据

对于网上信息资源，尽管部分优质资源可能需要收费，但仍有大量免费资源可供利用。关键在于如何筛选和选择适合本馆读者群体的信息资源，并进行深入加工，从而形成图书馆的独特资源。在具体加工和选择上，高校图书馆与公共图书馆之间存在显著差异。公共图书馆以满足广大民众的需求为主，因此其数字资源以知识性、常识性和休闲性内容为主，同时辅以学术型资源。这些资源来源广泛，包括体育、音乐、房产、汽车等公众关心的主题文章，以吸引不同读者的兴趣。而对于高校图书馆来说，其主要服务对象为教学人员和科研人员。这些群体对数字资源的需求更为专业和深入，包括各类教学资源、研讨会资料、学术活动资源以及校内学术文献等。其中，一部分资源可能来自互联网上的免费资源，但更具特色的部分往往存在于高校内部的院系单位及学术社群中，如考试试卷、辅导材料以及具有专业特色的书刊等。为了获取这些资源，高校图书馆需要得到学校的全力支持，利用学校政策来扩大数字资源的采集范围，从而提升图书馆数字馆藏的广度和深度。

（二）科学管理数据

在数据体量达到一定程度并实现数据资产原始积累以后，图书馆需要对相关数据进行有效加工和系统管理，促使有限的资金发挥最大作用，以及将分散的数据发挥整体性服务作用。

1. 注重合作和共享

从资源依赖角度来看，图书馆间在信息资源上彼此相互依赖，因而合作和共享是必由之路。所谓资源依赖，是指组织要生存就必须获得资源，但通常没有任何组织是能够自给自足的，这就意味着组织若想获得资源就必须同环境中其他组织进行资源交换。数字资源建设必须在多个方面加强合作，这种合作包括各类图书馆间的合作以及本系统图书馆间的合作，其目的在于信息资源共享。为了实现这一目标，在数字资源管理上必须建设统一的数字资源服务门户平台，制定统一的相关技术标准与规范等。如此，才可能实现资源共享。

2. 建立商业数据库评价机制

在国内外，商业数据库的垄断现象导致价格上涨成为常态。为了应对这一问题，建立全面的评价机制显得尤为重要。这一评价机制应包括商业数据库的质量评价、价值评估和付费合理性等方面。通过这样的评价，可以激励数据库提供商提升产品质量、加强竞争意识，并增强服务意识，从而确保价格的合理性。在应对商业数据库垄断的实践中，我国高校在购买国外数据库方面已经树立了良好的榜样。例如，"高校图书馆数字资源采购联盟"就是一个成功的案例，它不仅争取到了更优惠的价格和更优质的服务，还确保了购买的数字资源质量与教学需求的高度匹配。如果将这一模式应用于对国内数据商的评价，那么对于数量众多的国内数据商来说，也将起到有效的监督作用。因此，图书馆应定期对已购买的商业数据库进行使用效率评价。这包括深入调研数据库的实际使用情况、用户反馈和需求变化，从而筛选出使用效益不佳的数据库进行淘汰，同时，选择那些内容质量高、价格及涨幅合理的数据库进行续订或新增。这样，图书馆就能在有限的经费下实现资源的最优化配置，提高资金的使用效率。此外，考虑到合理利用经费和减少管理中的问题，图书馆还可以考虑将购买商业数据库转变为租用。相比于购买，租用数据库可以避免提供商自动控制的访问期限和数量限制。

3. 开展集约化和规模化的数据整理

在数字时代，图书馆服务面临的一个巨大的挑战是，如何深入到更细小的知识单元（如数据），进行组织、整理、保护和服务，而不局限于电子书、期刊文章、技术报告等。这是图书馆近年来研究的热点和核心内容，也被认为是图书馆学和图书馆行业的核心竞争力。从知识经济社会的特点来看，信息技术推进了信息的碎片化（如大量的网上信息等），而依据需求推进信息的整合是未来发展的趋势。图书馆知识组织的能力优势需要在对已经拥有的数据进行整合上发挥作用。对于读者而言，无论是本馆馆藏的数字化数据，还是免费获取的外部数据，都是"碎片化"信息，难以满足他们对完整信息的需求。要实现在一个平台上能最大限度满足读者所需的信息资源，就必须对碎片化的数据进行整合。为了向读者提供精准化的信息服务，应当在整合数字资源前深入了解用户需求，然后从碎片化的数据中提炼特色数据和关联数据，结合本馆读者需求组织成系列的特色专题库或特色栏目，完成关联数据的收集和录入，从而使隐性信息显性化，进而达到促进读者集成使用的目的。此外，规模化的数据整理还包括对单一资源多次深层次加工，以形成多层次、多形式的数据内容，通过丰富数据界面来实现不同读者点击阅读。总之，通过现有数据的整合和归类，形成特色化的自建数据库是其关键所在。

4. 注重专题数据库建设

在深化数据知识组织的同时，图书馆依然高度重视并热衷于传统的专题数据库建设。对于馆内现有的数字信息，无论它们是通过馆藏数字化转化而来，还是通过免费渠道收集而来，图书馆都需要对其进行细致的分类和整理，并按照不同的类别进行全文发布。此举旨在通过构建免费资源导航库，提升读者的使用体验和效率，从而极大地丰富馆藏内容。如今，众多图书馆已经建立了独具本馆特色的各类数据库，如专利数据库、标准数据库、会议文献数据库，以及统计信息和商务信息等专栏。这些特色数据库的建立，不仅是为了方便读者快速检索和使用，更是为了维护图书馆自身的数字资产。对于这些珍贵的数字资产，图书馆承担着长期保护和确保永续存取的重要职责。

5. 加强信息保护

对于数字资源管理，特别关注的是加强馆员的法律意识和规避法律风险，尤其涉及知识产权保护意识以及敏感信息保护。

首先，加强知识产权保护。在知识产权上，要特别关注著作权的保护期。因为并非所有作品的保护期都是一致的。要了解不同作品保护期的区别，才会区别对待，从而避免侵犯知识产权。

其次，图书馆必须高度重视对敏感信息的保护工作。敏感信息指的是一旦丢失、不当使用、未经授权接触或修改，就可能对国家利益、政府计划或个人隐私权造成损害的信息。联合国档案及记录管理科将敏感信息细分为五类：商业机密、只可查阅、政府/外部资源、私人、重要。对于图书馆的馆藏，务必明确规定敏感信息的利用范围。例如，虽然古籍通常不受著作权保护，但它们可能包含敏感信息；一些数字化舆图虽然适合网络传播，但也需要严格把控以避免不良后果。这类信息如果被滥用，可能对国家利益造成损害。针对宗教类等敏感信息，同样需要设定严格的使用范围，以防范可能的不良影响。此外，个人信息的安全也至关重要。图书馆有责任确保个人信息的规范管理和合理使用，避免任何可能侵犯个人隐私权的行为。家谱资源的使用就是一个很好的例子，大多数欧美国家都强调在使用前必须确保不会与公民及其家庭生活的隐私信息发生冲突。同样，读者借阅记录中包含大量个人信息，图书馆应通过权限控制设定专人管理，并严格规定图书馆工作人员不得随意提供或在线传输这些记录，以保障读者隐私和个人信息安全。

最后，制止数字信息的滥用。对于知识产权的侵犯，个人需要承担法律责任。由于滥用数字信息而祸及广大读者的例子，常常发生在商业数据库的不当使用中。例如，大量的恶意下载，或者有很多校园网的使用者随意使用代理服务器。它们既侵犯了作者的著作权，也损害了数据库商的切身利益，从而引发了很多数据库商的投诉、抵制和制裁行为，甚至导致数据库商对数字资源的访问权限进行限制以及对服务器进行停用。因此，图书馆应当制定规章制度让读者明确数字信息使用中的知识产权保护，杜绝滥用行为发生，从而保护知识产权和维护大多数读者的利益。

第三章 大数据环境下图书馆资源管理的技术支撑

第一节 大数据采集与预处理技术

一、大数据采集技术

(一) 数据类型

在大数据时代，数据的价值在各行业应用和推广过程中已经毋庸置疑，如何能够有效获取数据，即数据采集，是进行数据分析和挖掘的重要前提。数据采集（Data Acquisition，DAQ）也称为数据获取或数据收集，是指从电子设备、传感器以及其他待测设备等模拟或者数字单元中自动采集电量或者非电量信号，送到上位机（多指大型计算机系统）中进行分析、处理的过程。

如果把海量数据看成巨大的源源不断产生的天然水资源，那么数据采集及预处理就是根据水资源的来源地及种类的不同，搭建合理有效地获取水资源的传输通道。传统的数据采集所对应的数据来源单一，结构简单，大多可以使用关系型数据库完成存储及后续的分析和管理。而大数据环境下，数据结构复杂，来源渠道众多，包括传统数据表格及图形、后台日志记录、网页 HTML 格式等各种离线、在线数据，因此需要区分数据的不同类型，分析数据来源的特征，进而选择使用合理有效的数据采集方法，这对后续的数据分析至关重要，直接影响在给定时间段内系统处理数据量的性能高低。

在知识冗余和数据爆炸的网络全覆盖时代，数据可以来自互联网上发布的各种信息，例如搜索引擎信息、网络日志、病患医疗记录、电子商务信息等，还可以来自各种传感器设备及系统，例如工业设备系统、水电表传感器、农林业监测系统等，因此需要采集的数据类型呈现出复杂多样的特征。根据数据结构的不同，数据可以分为结构化数据（Structured）、半结构化数据（Semi-Structured）和非结构化数据（Unstructured）三种。

（二）大数据采集技术

1. 日志采集

在大数据浪潮下，互联网企业的日常运营衍生出巨量业务信息，这些数据具备大规模、海量存储和高速传输等特性，因此，大型互联网公司常借助开源框架构建专用的海量数据采集工具。这些工具主要用于收集各类日志，包括分布式系统、操作系统、网络、硬件设备以及上层应用等日志，通过实时查看此类日志，企业能够迅速定位系统故障、追踪攻击痕迹并实时监测潜在威胁，从而确保运营的平稳进行。

当前，Hadoop 的 Chukwa、Cloudera 的 Flume、Facebook 的 Scribe、Linkedin 的 kafka 以及阿里的 Time Tunnel 等开源工具，均被视为日志采集的行业翘楚。这些平台均基于分布式架构，每秒能轻松处理数百 MB 的日志数据，实时完成从各数据源的海量日志采集，并为在线和离线数据分析系统提供有力支持。

这些日志采集平台的特点鲜明：第一，它们能应对 TB 级甚至 PB 级的海量数据实时采集，每秒处理数十万条日志，展现出卓越的吞吐性能；第二，它们具备实时处理能力，满足日益增长的实时应用需求；第三，它们支持分布式系统架构，扩展性强，可迅速通过新增节点满足用户需求；第四，它们作为业务应用与数据分析之间的桥梁，构建高效的数据传输通道；第五，它们通常包含采集发送端、传输通道和接收端等部件，并配备强大的容错处理机制，如采用 Zookeeper 实现负载均衡。这些开源日志采集工具在系统框架的性能更新上持续进步，展现出强大的生命力和发展潜力。

2. 网络数据采集

网络数据目前多指互联网数据，大量用户通过各种类型的网络空间交互活动而产生的海量网络数据，例如通过 Web 网络进行信息发布和搜索，微博、微信、QQ 等社交媒体交互活动中产生的大量信息，包括各类文档、音频、视频、图片等类型，这些数据格式复杂，一般多为非结构数据或者半结构数据。

网络数据的采集方法是指通过网络爬虫（例如 ApacheNutch、Crawler4j、Scrapy 等）或者某些网络平台提供的公开 API（例如豆瓣 API 和搜狐视频 API 等）等方式从网站上获取相关网络页面内容的过程，并根据用户需求将某些数据属性从网页中抽取出来。对抽取出来的网页数据进行内容和格式上的处理，经过转换和加工，最终满足用户数据挖掘的需求，按照统一的格式作为本地文件存储，一般保存为结构化数据。

3. 传感器采集

传感器数据主要来自各行各业根据特定应用构建的物联网系统，由于大量传感器设备的广泛部署，会周期产生并不断更新海量的数据，其采集到的数据多和对应行业的具体应用有关。例如，在农业物联网系统，传感器数据多与农业种植、园艺培育、水产养殖、农资物流等农业信息相关；在气象监测控制系统中，数据多与大气土壤温湿度、风力、光照、雨量等有关。

在实际应用过程中，传感器设备和通信传输系统存在厂商众多、网络异构等情况，因此这些感知数据的类型差异很大，例如有些数据是实际产生的温度数值，而有些数据是感知的电平取值，在使用中需要进行公式转换，还存在模拟信号和数字信号的差异；除此以外，数据的组织形式也是多种多样，量纲也差异很大，存在文本、表格、网页等多种不同组织形式。因此，在对物联网信息进行采集的过程中，除了需要考虑大量分布的数据源选取，还要将感知的原始数据进行统一的数据转换，过滤异常数据，根据采集目标的存储要求进行规则映射，才能满足传感器数据的采集需求。

基于物联网的多传感器采集系统一般包含四个部分，即多传感器数据源、物联网网关、数据存储服务平台以及用户应用服务端。

4. 其他采集方法

除了实时系统日志、互联网和物联网数据采集方法，企业还常利用传统关系型数据库如 MySQL 和 Oracle 存储业务数据。这些实时产生的业务数据以单行或多行记录形式直接写入后台服务器数据库，再由专门的处理分析系统进行后续分析，以支持其他企业应用。对于涉及高保密级别的客户、财务数据等，企业通常与专用数据技术服务商合作，通过特定系统接口等方式采集数据，确保数据完整性和私密性。当前，市场上不少大数据公司推出了企业级大数据管理平台，专门服务于此类高安全性要求的企业数据，如数据堂公司专注于互联网综合数据交易与服务，而中国气象数据网作为公益性网站，则向社会开放基本气象数据和产品，让全社会和气象服务企业都能无偿获取气象数据。

二、大数据预处理技术

（一）数据清洗

数据清洗是发现并纠正数据文件中可识别错误的最后一道程序，包括清除重复及无关的数据、检查数据一致性并处理不一致数据、处理无效值和缺失值等，从而将数据整理成为可以进一步加工和使用的数据。以下是一些数据清洗方法。

1. 缺失值处理

缺失值处理是数据处理中不可或缺的一环，导致数据缺失的原因可能是用户输入的遗漏、关键信息无法获取或隐私问题等。在处理缺失值时，首先，要评估字段的重要性。其次，分析每个元组中重要字段的缺失程度，若缺失严重，则考虑忽略整个元组。最后，计算每个字段的缺失值比例，根据字段的重要性和缺失比例来制定处理策略。对于重要且缺失较少的字段，可以通过计算填充或使用业务知识和经验来估计填充值；对于重要但缺失较多的字段，则尝试通过其他渠道采集数据或利用其他字段推导计算来补全，或选择去除该字段并附加相关说明；对于不重要且缺失较少的字段，可以选择不做处理或进行简单填充；而对于不重要且缺失较多的字段，则可以直接去除。这样，可以有效地处理数据中的缺失值问题，提高数据的质量和可用性。

2. 噪声数据处理

噪声数据是被测量变量的随机误差或者方差，通常是错误的数据，需要进行平滑处理。常用的数据平滑处理方法有分箱（Binning）法和回归（Regression）法等。

分箱方法是通过考察邻近的数据来对有序数据进行平滑处理的方法。这些有序的数据被等宽或等深分配到一些箱中，前者每个箱的区间宽度相同，后者每个箱的样本个数相同，然后使用箱均值、箱中位数或箱边界进行箱内局部平滑处理，即箱中每一个值被箱的平均值、中位数或最近的边界值替换。一般而言，宽度越大，平滑效果越明显。

回归法采用一个函数拟合来平滑数据，如线性回归、多元线性回归等。其中线性回归旨在找出拟合两个属性（或变量）的最佳直线，使得当已知一个属性的值时，能够预测出另一个属性的值；多元线性回归涉及两个以上的属性，是线性回归的扩展，它将数据拟合到一个多维面上。通过回归法找出适合数据的数学方程式，能够有效消除噪声。

很多数据平滑方法也可用于数据离散化和数据归约，如分箱方法可以作为一种离散化技术使用，因为它减少了相同属性取不同值的数量；而一些数据离散化方法也可用于数据平滑，如概念分层。

3. 离群点处理

离群点指的是数据集中包含的一些与数据的一般行为或模型不一致的数据。与噪声不同的是，离群点是正常数据，但偏离了大多数数据，有时候代表了异常现象。离群点可分为全局离群点（点异常）、集体离群点（数据子集）和情景（或条件）离群点三类。通常，可用三种方法检测离群点：基于统计的离群点检测、基于距离的离群点检测和基于聚类的离群点检测。

检测出离群点后，可简单去除离群点（离群点距离较远时），或把离群点当作噪声数据进行平滑处理（离群点距离较近时）。

4. 不一致数据处理

由于一些人为因素，如删除、修改数据等，会导致采集的数据可能存在不一致的情况，需要在数据分析前进行处理，如通过和原始记录对比更正数据输入的错误，使用知识工程工具检测违反规则的数据，或通过已知属性间的依赖关系查找违反函数依赖的值等。

5. 去重

去重是数据处理中必不可少的一环，尤其当数据集包含大量重复数据时，如重复的邮件或互联网上的重复信息。去重过程需要精心处理，以避免误删重要信息或合并非重复数据。通常，若数据对象的所有属性值完全一致时，会保留一个对象并删除其余重复项。然而，对于相似但属性值略有差异的数据对象，则必须先判断它们是否代表同一数据实体。如果确认是同一数据对象，则进行归并处理，解决不一致的值；若非重复数据，则需明确区分属性，防止误将相似但非重复的数据合并，如同名同姓的情况，需依赖身份证或其他信息来准确区分。这样才能在保留数据完整性的同时，有效去除冗余数据。

6. 清除无关数据

删除与分析目标不相关的数据，以减少数据分析范围。但如何确定是否为不相关数据比较困难，要避免误删看上去不需要但实际上对业务很重要的字段。如果数据量或数据维度没有达到无法处理的程度，一般要尽量保留。

（二）数据集成

数据集成是将来自多个数据源的数据整合起来进行统一存储，以便提升挖掘的速度和准确度。数据集成时，需要将来自多个数据源的等价实体进行匹配，也就是进行实体识别，还需要消除数据冗余，并针对不同特征或数据间的关系进行相关性分析。

1. 实体识别

实体识别指识别和分组描述同一实体不同记录的技术。在采集到的数据集中，可能会存在字面上不完全相同但都在描述同一实体的多个数据对象，这些数据对象是重复的、冗余的或匹配的。实体识别方法主要包括三个方面，即数据分块、实体匹配和实体合并。

2. 冗余和相关性分析

有很多情况可能会导致数据冗余，如一个属性能由另一组属性导出、不同数据源中属性的命名不一致或存储模式不一样等。有些数据冗余可通过分析属性间的相关性进行检测，如给定两个属性，根据可用的数据度量一个属性蕴含另一个属性的程度。常用的冗余相关分析方法有协方差、皮尔逊相关系数和卡方检验等。

3. 数据值冲突的检测与处理

有一些情况会导致不同数据库中相同实体的属性值产生冲突，如单位不同、编码不同，检测到这类冲突后，根据需要进行统一化处理即可。

（三）数据归约

从各个数据源采集的数据，经过数据清洗和数据集成后，可能会得到非常庞大的数据集。虽然大数据时代下，数据处理上越来越倾向于全样而非抽样的数据处理，但为使目标更明晰、分析更有效，在分析之前，仍然需要对庞大的数据集进行数据归约。

数据归约是在尽可能保持数据原貌的前提下，通过维度归约、数值归约和数据压缩等方法最大限度地精减数据量。

1. 维度归约

维度归约通过使用数据编码，检测并删除不相关、弱相关或冗余的属性，以减少所需考虑的属性个数，或通过变换或投影缩小原数据的空间。若归约后的数据可以构造出原始数据而不丢失任何信息，则称该维度归约是无损的；若只能构造原始数据的近似表示，则称该维度归约是有损的。广泛应用的维度归约方法有主成分分析、小波变换和属性子集选择等。

2. 数值归约

数值归约是通过参数模型（如回归分析、对数线性模型等）或非参数模型（抽样、聚类、直方图等）选择数据较小的替代表示，以降低数据量。

3. 数据压缩

数据压缩旨在不丢失有用信息的基础上，通过选择恰当的编码或应用特定算法，重新组织数据以减少其占用的空间。这种技术不仅有助于减少数据冗余和节省存储空间，还能显著提升数据的传输、存储和处理效率。数据压缩主要分为有损压缩和无损压缩两大类。无损压缩能够确保压缩后的数据能够完全重构为原始数据，信息不会丢失；而有损压缩则只能近似地恢复原始数据。需要注意的是，无损压缩通常对数据操作有一定的限制，因此其压缩率也相对较低。

维度归约和数值归约也是某种形式的数据压缩，如 PCA 方法和小波变换方法，既可以降低维度，也可以压缩数据。

除了上述数据归约方法之外，还有很多其他方法。一般来说，选择使用的数据归约方法进行数据归约所花费的时间应小于在归约后数据集上进行挖掘所节省的时间。

（四）数据变换

经过数据清洗、集成和归约处理后的数据集，虽然在一定程度上提高了数据质量，但往往仍不能满足数据分析挖掘的具体要求。例如，方差分析要求数据满足独立性、无偏性、方差齐性和正态性；数值数据分析须统一量纲；时间序列分析则要求数据平稳；某些算法仅适用于离散数据。在实际情况中，数据往往难以满足所有条件，如正态性或平稳性可能无法得到满足，连续性数据也需要进行转换。因此，数据变换成为必要步骤，旨在将数据转换为适合分析或挖掘的形式。数据变换在数据集成和管理中扮演着关键角色。在 Python 中，数据变换服务由 Sklearn 模块提供，而 NumPy 模块则支持维度数组与矩阵运算等科学计算。常用的数据变换方法包括简单变换、规范化变换和离散化变换等。

1. 简单变换

简单的数据变换包括二次方变换、开方变换、对数变换和差分运算变换等。这些变换分别将各个原始数据取二次方、开方、对数或差分，然后将取值结果作为变换后的新值。

简单变换可以将不具有正态分布的数据变换成具有正态分布的数据，有时可通过简单的对数变换和差分运算将非平稳的时间序列转换成平稳的时间序列，对数变换还可使曲线直线化（用于曲线拟合）。

2. 规范化变换

数据规范化变换是指将不同渠道的数据按照同一种尺度进行度量，将数据按比例进行缩放，使之映射到一个新的特定区域中，从而消除指标之间在量纲和取值范围上的差异影响。

在进行数据分析前，很多时候需要对数据进行规范化变换，使得数据之间具有可比性，在同一个数量级上规整的数据也更方便后续运算，加快机器学习迭代的收敛效率。常用的数据规范化变换方法有：最大最小标准化、标准差标准化、小数定标规范化等。

3. 离散化变换

数据离散化是指将属性值域划分为区间，使用区间的标记代替实际的数据值，以减少给定连续属性值的个数。在数据预处理中，很多情况下需要进行数据离散化。例如，一些数据挖掘算法要求数据是离散数据，如决策树、朴素贝叶斯等；数据中的一些缺陷（如极端值）可通过离散化处理来克服，以使得模型结果更稳定；另外，当非线性关系的自变量和目标变量之间的关系不够明晰时，需要进行离散化。

离散化变换在数据挖掘中使用普遍，常用方法包括等宽离散化、等频离散化、一维聚类离散化等。

三、大数据下图书馆信息采集编撰整合研究

"信息爆炸时代"是大数据处理机制下社会信息传播流变与主体信息选择采集的社会反映。以"互联网+图书馆建设"的模式是当前不同类型图书馆数字化、智能化的关键。数字化图书馆的建设需要图书馆引进大数据云计算智能平台的硬件设施外，还需要扩宽图书馆信息采集编撰的新视野，使传统单一记录性数据信息的采集转变为多手段多功能的图书馆信息采集编撰，成为图书馆突破数字阅读所造成困局的关键。也可以说，大数据时代图书馆信息采集编撰的整合是新时期图书馆建设与发展的主旋律。

（一）大数据时代图书馆信息采集编撰整合的动机

大数据时代图书馆信息采集编撰整合的动机是推动图书馆信息采集数据化的催化剂。究其而言：①图书馆传统的单一信息采集编撰需要时代性创新，传统的图书馆信息采集编撰保守单一，难以发挥图书馆信息采集编撰功能的最大化。新时期图书馆信息采集编撰整合的关键在于实现图书馆信息数据化的整合类化。②信息采集编撰的整合是数字图书馆建设的必然，传统图书馆信息采集编撰是基于图书馆基本管理工作的简单形态，但是大数据时代图书馆信息的采集编撰逐渐成为推动数字图书馆建设的关键，特别是智能图书馆的建设必然需要信息采集的集成。③图书馆信息采集编撰整合是图书馆应对当前挑战的反击，电子阅读和以通信媒介为主的网络阅读严重影响着实体图书馆的发展，个别门类的图书馆藏面临生死存亡的危机。因此，以大数据属性为基本出发点，进行数字化信息采集编撰是图书馆应对当前挑战最好的回击。

（二）大数据时代图书馆信息采集编撰的需求指南

1. 信息采集整合需要工作人员具备较高的信息素养

在大数据时代，图书馆的信息采集与编撰工作的整合，不仅呼唤着图书馆发展理念的革新，更要求图书馆在适应新时代信息采集编撰的标准上有所作为。图书馆的工作人员作为信息采集编撰的核心力量，除了需要掌握基本的数据操作技术外，更需要具备卓越的信息素养。

信息素养这一基础能力，涵盖了信息意识、信息能力以及信息运用的全面提升。在大数据的浪潮中，图书馆工作人员的信息素养的提升与凝聚，成为应对信息爆炸时代的必要条件。信息意识是工作人员对图书馆信息采集编撰价值的深刻认知，它应当是社会发展多元化的产物。

而在大数据的背景下，图书馆工作人员信息能力的提升，不仅仅是技术层面的精进，更是思维理念和知识结构的双重升级。图书馆数字化信息的采集编撰，以及以网络技术为核心的信息采集编撰工作，都是图书馆管理人员在信息运用方面的基本体现。这些工作的推进，将进一步推动图书馆在大数据时代信息采集编撰工作迈向新的高度。

2. 信息采集整合需要图书馆对应硬件设施的完备

大数据时代，信息采集整合需要图书馆硬件设施的完备，数字化的包括图书馆媒介硬件和网络技术的完备，硬件完备是图书馆信息数据化云计算的前提，网络技术是数据库系统运行的必要条件之一。特别是读者阅读记录信息采集编撰是图书馆信息数据化采集的重点，网络技术的匮乏和硬件设施的不完备都严重影响着图书馆数字化信息的集成和传播。

（三）大数据时代图书馆信息采集编撰整合的方向

1. 基于图书馆读者认证的信息采集编撰的整合

大数据背景下，图书馆基本管理的数据智能化成为图书馆信息采集编撰的前置，同传统封闭式的图书借阅机制所不同的是"互联网+图书馆建设"模式下图书馆信息采集编撰的数据化处理成为必然。对于图书馆数据化运行而言，基于图书馆读者认证类信息采集编撰的整合是图书馆大数据化的应用之一。

首先，图书馆读者认证类信息的采集是不同类型图书馆管理数字化的基本体现，云计算和结构化查询语言、查询窗口的设置是对读者类别和读者门禁信息认证的关键，图书馆将读者基本信息录入，实现读者出入图书馆和图书馆借阅基本认证的数据化，避免传统出入凭证机制造成的图书馆馆藏资源的共享短路。

其次，随着以高校图书馆数字化建设为主体，地方图书馆智能化靠拢为骨架，机构专业图书馆数字化创建为基本形式的图书馆读者认证信息采集编撰均需要依托云计算和数据库系统，确保读者关联信息采集的最优化。大数据背景下读者信息的采集编撰不仅是读者基本信息的认定，对于专属功能性图书馆，读者资格认定还需要从读者专业信息延伸，实现读者服务理念的数字化承载。

最后，基于图书馆读者认证类信息采集编撰的整合就是要将读者信息以电子数据罗列，使读者信息的编撰成为图书馆智库的有机组成部分。当然，图书馆读者认证类信息的采集编撰整合不仅是对读者认证信息的网络传输和智能化云计算，也使读者认证信息成为专门独立的数据库区域。

2. 基于图书馆借阅记录的信息采集编撰的整合

在大数据时代，图书馆借阅记录的信息采集编撰成为图书馆信息采集的重要窗口。这一过程的整合包含两个关键层面。首先，它强调对个体借阅信息的细致采集和归纳性编撰。通过深入分析每位读者的借阅习惯，可以更准确地把握他们的阅读偏好和需求，从而有助于数字图书馆 App 客户端为读者提供更为人性化的借阅记录设置。这样的个性化服务不仅提升了读者的满意度，也增强了图书馆服务的针对性和实效性。其次，信息采集编撰还以图书馆整体馆藏借阅为基准，实现整体借阅记录的数据化处理。这一步骤有助于图书馆对馆藏资源的全面把握和高效管理，推动图书馆整体信息化建设的深入发展。通过数据化处理，图书馆可以更加清晰地了解馆藏资源的借阅情况、读者需求变化趋势等信息，为图书馆的资源配置、服务优化等提供有力支持。

首先，图书馆借阅记录的信息采集编撰整合需要图书馆信息数据库的类化，或者说借阅记录的学科分类编撰，通过馆藏流通量统计编撰图书馆馆藏特色书籍，使专一图书馆藏突出成为图书馆信息采集编撰整合有效成果之一。另外，云计算机制下，图书馆借阅记录的信息采集是图书馆数字化建设的基本要义。

其次，图书馆借阅记录的信息采集编撰整合需要以读者个体借阅记录的读取分析为主体，实现大数据时代读者阅读推介的人性化服务。一方面，读者图书馆借阅记录的数据化编撰是调控图书流转、发展读者 App 客户端和掌上图书馆的纽带所在；另一方面，图书馆读者个体借阅记录信息的采集是基于图书馆智能化发展的关键所在。个人借阅记录的信息采集编撰既需要通过数据处理系统特别是简单 SQL 查询语言的数据化处理，又需要对个人借阅信息映射处理，使数据智能化的图书管理成为推动图书馆发展的催化剂。

最后，基于图书馆借阅记录的信息采集编撰整合是大数据时代简化图书馆借阅记录登记和馆内数据统计的必然选择，基于阅读记录的信息采集编撰整合是对传统信息记录的创新。

3. 基于图书馆馆藏信息采集编撰的集成性整合

基于图书馆馆藏信息采集编撰的集成性整合，是大数据时代图书馆信息采集方向的重心。图书馆馆藏是图书馆信息编撰的本源，大数据时代背景下图书馆通过馆内馆藏的延伸编撰图书馆阅读信息的延伸，使图书馆信息编撰成为新时期推动图书馆事业多元化的内在需求。①图书馆本身发展和内部信息的电子集成，数字化图书馆的建设就是要以主题图书馆的网络智能化发展为目标，大数据背景下图书馆自身信息的编撰能够确保图书馆智能出版和图书信息数字化编排同读者需求的衔接。②图书馆馆藏信息数据化的更新推介，比如，数字图书馆建设中图书馆藏的信息系统化处理能够以公众号等形式推介，特别是馆内图书借阅短缺信息和新书上架信息的提示，数据化的信息采集编撰使图书馆以读者为本的服务理念体现得淋漓尽致。总之，基于图书馆馆藏信息采集编撰的集成性整合是当前图书馆信息采集编撰的枢纽，馆藏变动的数据库建设确保了图书馆数字化的基本形态。

4. 基于图书馆阅读推广的信息采集编撰的整合

"图书馆阅读推广的信息采集编撰是大数据时代图书馆信息整合最直接的体现。图书馆阅读推广是大数据时代信息整合的典范，数据系统和数字智能化的运用在图书阅读推广领域司空见惯。图书馆阅读推广活动实际上是图书馆信息采集编撰的一种重要形式。这类活动必然涉及对图书馆信息的深度整合与集中，确保信息能够融入并服务于具体的推广目的。"①

---

① 张丽娜，范兴丰，李珂灵. 大数据下图书馆信息采集编撰整合研究 [J]. 无线互联科技，2018（6）：85-86.

一方面，阅读推广是图书馆数字化服务的直观体现。它借助先进的网络技术和数据库语言，对图书馆整体信息进行目标明确的整合，使读者能够更快速、更准确地获取所需信息。

另一方面，阅读推广也要求图书馆将整体业务进行网络数据化处理。在大数据时代，这种处理方式变得尤为便捷和高效，为图书馆业务信息的数字化管理提供了强有力的支持。图书馆阅读推广活动需要数据化信息平台和网络技术为媒介，实现实体图书馆同数字化网络图书馆的对接，大数据时代网络技术及云计算为虚拟图书馆的信息扩散奠定了物质基础。图书馆阅读推广活动具体策划和践行也是借助大数据时代网络技术指导下的信息采集与编撰，比如，数据化时代以图书馆为主的"读书明星"评选活动，在图书馆阅读推广的数据化折射下智能统计取代人工统计，提高了图书馆信息采集编撰工作的效率。总之，在图书馆阅读推广活动中大数据的运用和信息编撰向智能化靠拢，信息采集编撰过程中信息的主题和社会功能也逐渐被放大。

5. 基于图书馆社会功能的信息采集编撰的整合

基于图书馆社会功能的信息采集编撰，是专业图书馆和功能性图书馆业务延伸的显著体现。功能性图书馆以其馆藏的专业性为特点，信息采集编撰系统明确，具有鲜明的针对性。在大数据时代，图书馆信息采集编撰的数字化与纸质编撰并行不悖，共同构成了图书馆社会信息采集的坚实基础，成为图书馆信息系统采纳的重要条件。

一方面，科研型图书馆专注于专业学科知识信息的收集与编撰，其专业信息的采集编撰不仅服务于学术研究，也促进了专业信息在社会中的广泛传播。另一方面，行政类图书馆以政府信息采集编撰为核心，充分发挥了图书馆的社会功能。这类图书馆通过采集编撰政府行政决策等政策性信息，将信息编撰成集，大大简化了社会获取政府信息的流程，提高了信息的透明度与可及性。

此外，基于馆际关联建设信息共享也是图书馆信息采集编撰整合的方向之一。大数据背景下图书馆信息采集编撰整合就是要从基本入手，探究信息采集编撰整合的方向是推动数字图书馆智能化建设的必然选择。

第二节　大数据存储与处理技术

一、大数据存储的关键技术

为了满足数据、用户规模不断增长的需求，自适应的数据划分方式以及良好的负载均衡策略对于构建一个 TB 级乃至 PB 级的数据存储系统来说是必不可少的。而且，也需要在保证系统可靠性的同时，权衡数据的可用性及一致性，用以满足互联网应用对高吞吐率、低延时的要求。

（一）数据划分

在分布式环境中，数据存储必然涉及多个存储单元的协同工作。数据的有效划分对于系统性能、负载平衡以及扩展性至关重要。当用户发起请求时，系统需精准分发请求，确保低延时响应，并突破性能瓶颈。目前，哈希映射和顺序分裂是海量数据管理系统进行数据划分的主要策略。为了适应数据的多样性和处理需求，现代互联网应用常采用键/值对的方式组织数据。哈希映射基于数据记录的键值进行哈希运算，再根据计算出的哈希值将数据映射到对应的存储单元中，其性能很大程度上依赖于哈希算法的优劣。而顺序分裂则采用渐进式的数据划分方法。系统根据键值顺序将数据写入数据表，当数据表达到预设的阈值时便进行分裂操作，随后将分裂得到的数据分配至不同的节点继续提供服务。这样，新流入的数据根据其键值就能自动定位到相应的分片并插入到表中。

（二）数据一致性与可用性

在分布式环境下，数据一致性为数据操作的正确性做出保证，而数据可用性则是数据存储的基石。一般情况下，为了解决数据的可用性问题往往会采用副本冗余、记录日志等方式。然而副本冗余会带来数据一致性的问题。在运用副本冗余方式的分布式系统中，数据一致性及系统性的矛盾往往难以调和，需要在严格的数据一致性和系统的性能（如响应时间等）之间进行折中。有时在互联网应用需求下，要牺牲严格的数据一致性来调和这种矛盾，即为了保证高效的系统响应而允许系统弱化一致性模型，同时采用异步复制的手段用以确保数据的可用性。

（三）负载均衡

在分布式环境下，高效数据管理的核心在于确保负载均衡，包括数据分布和访问压力的均衡。通过实施诸如哈希映射和顺序分裂等策略，数据被划分并存储于不同节点，以应对用户访问请求。然而，由于用户访问请求的不可预测性，数据存储分布和节点访问压力可能出现不均衡，进而影响系统性能。随着数据加载压力的增大和并发访问的频繁发生，系统性能可能下降。因此，海量存储系统需要一套有效的均衡机制，确保数据加载的高吞吐率、系统响应的低延时以及整体稳定性，从而维持分布式数据管理系统的最佳性能。

虚拟节点是一种能够使访问压力达到均衡的技术，它能够采用虚拟化的手段来单元化节点的服务能力，根据访问压力大小将压力较小的虚拟节点映射至服务能力较弱的物理节点上，对压力较大的节点则映射至能力较强的节点上。这样在访问压力达到均衡的同时，数据也会达到均衡状态。

（四）容错机制

分布式系统的健壮性标志是容错性。保证系统的可用性和可靠性的关键问题就是节点的失效侦测与失效恢复。

1. 失效侦测

在像 Dynamo 和 Cassandra 这样的非集中式系统中，为了解每个节点的活动状态，各个节点之间需要定期进行交互，从而完成对失效节点的侦测。而在集中式系统中，整个分布式系统的节点状态信息需要由专门的节点（部件）来维护，失效节点是否存在需要通过"心跳"机制来侦测。

2. 失效恢复

为了确保分布式系统的可靠性和可用性，失效恢复策略至关重要。节点失效分为临时和永久两种，通常会导致数据丢失。在副本冗余存储系统中，日志重做是常见的解决手段。

在集中式系统中，主节点各种失效恢复方式的差异是由其主从节点的功能差异导致的。主节点的失效将是灾难性的，因为它维护的是系统元信息。在集中式系统中，为了防止主节点的失效，通常是利用节点备份（多机、双机备份）。然而 Bigtable 的集群节点的状态信息主要依靠 chubby 来管理，整个系统存储的元信息则使用子表服务器来加以管理，从而将主节点的管理功能弱化，降低主节点失效而引起灾难的可能性，与此同时也减小主节点恢复的复杂性。

在非集中数据存储系统中，如 Dynamo，其哈希映射方式的数据划分策略，使得系统中各个节点在作为存储节点的同时也作为服务节点，服务迁移的同时伴随着海量的数据迁移。因此系统需要极其认真地应对各种各样的失效状态，在失效恢复过程中应当努力避免由于大规模迁移存储数据而导致的系统花销。基于上述原因，临时失效和永久失效在 Dynamo 中会被区别对待。

综上所述，失效侦测技术的选择与集群管理方式是集中式还是非集中式有着紧密的关系，该选择一般相对固定，但是失效恢复策略的实现却因不同应用而有所不同。系统的设计者可基于应用特性，权衡系统性能与数据一致性、可用性等多个影响因素来选择更合适的失效恢复策略。

（五）虚拟存储技术

虚拟存储就是将硬盘，RAID 等多个存储介质模块按照一定的手段集中管理起来，在一个存储池（Storage Pool）中统一管理全部的存储模块。从主机和工作站的角度来看，就是一个分区或是卷，而不是多个硬盘，更类似于一个超大容量（如大于 1TB）的硬盘。这种能够把多种、多个存储设备统一管理起来，为使用者提供大容量且高数据传输性能的存储系统，称为虚拟存储。根据虚拟存储的拓扑结构，可将其分为对称式和非对称式两种。对称式虚拟存储技术是指将虚拟存储控制设备和存储软件系统、交换设备集成为一个整体，内嵌于网络数据传输路径之中；非对称式虚拟存储技术是指虚拟存储控制设备独立于数据传输路径之外。根据虚拟化存储的实现原理也可将其分为数据块虚拟与虚拟文件系统两种方式。

共享存储系统由三大部分组成，即运行于主机的存储管理软件、互联网络及磁盘阵列网络存储设备。与之对应，可以分别在共享存储系统的三个层次上实现存储虚拟化，即基于主机的虚拟存储、基于网络的虚拟存储和基于存储设备的虚拟存储。各个层次的虚拟技术都各有特点，但其目的都是使共享存储更易于管理。

（六）云存储技术

云存储是云计算（Cloud Computing）概念的发展延伸，借助分布式文件系统、集群应用和网格技术，将网络中大量存储设备集合起来协同工作，为用户提供数据存储和业务访问功能。云存储不仅是一个硬件，更是一个由存储设备、网络设备、应用软件等多个部分组成的复杂系统。它的产生是为了应对高速增长的数据量，通过多层架构（包括存储层、基础管理层、应用接口层和访问层）实现数据的安全存储和高效访问。用户可以随时随地通过联网设备连接到云上，方便地存取数据，享受与超级计算机相当的网络服务。

云存储的最基础部分就是存储层。存储设备可以是 IP 存储设备，如 ANS 和 iSCSI 等，也可以是 DAS 存储设备，如 SCSI 或者 SAS 以及 FC 光纤通道存储设备等。云存储中的存储设备通常分布在不同地域且数量非常庞大，通过互联网、广域网或 FC 光纤通道网络把各个存储设备连接在一起。统一存储设备管理系统在存储设备的上一层，它能够完成多链路冗余管理、存储设备的逻辑虚拟化管理以及硬件设备的状态监控与故障维护。

云存储最核心、最难以实现的部分是基础管理层。基础管理层的主要功能是使云存储中多个存储设备之间可以协同工作，以便对外提供同一种服务，能够提供更大、更好、更强的数据访问性能，它所采用的技术主要有集群系统、分布式文件系统和网格计算等。为了保证云存储中的数据不会被未授权的用户所访问，它提供了 CDN 内容分发系统以及数据加密技术。同时，为了确保云存储中的数据不丢失以及云存储自身的安全和稳定，它还采取了各种数据备份、数据容灾技术和措施。

"云存储中灵活性最好的部分是应用接口层。根据实际业务类型的不同，不同的云存储运营单位开发的应用服务接口及提供的应用服务也不一样。例如，在线音乐播放应用平台、网络硬盘应用平台、IPTV 和视频点播应用平台、远程教学应用平台等。用户获得云存储系统的授权后，就可以通过标准的公用应用接口进行登录并享受云存储服务。云存储提供的访问类型和访问手段会根据云存储运营单位的不同而有所不同。"[①]

---

① 黄风华. 大数据技术与应用［M］. 哈尔滨：哈尔滨工业大学出版社，2019：33.

二、大数据处理技术

(一) 批量大数据计算

在传统的单机计算模式下，随着数据量的增加，往往会通过提升单机计算能力来确保计算效率。然而单机的性能提升总是有限，为了更有效地应对大规模数据的处理，分布式计算应运而生。它通过将计算问题拆分成多个小部分，并分配给多台机器同时处理，最终汇总这些部分结果得出整体结果。以一万个数的求和为例，若仅由一个人完成，即便其计算能力再强，也需耗费相当长的时间。而采用分布式计算，假设有 100 人参与，每人只需负责计算 100 个数，然后将结果汇总，这样的效率将大幅提升，且更易于扩展。若需对更大规模的数据进行求和，如十万、百万甚至更多，只需增加参与计算的人数即可轻松应对，而整体计算逻辑保持不变。在分布式计算中，用户只需专注于计算逻辑的设计与实现，而计算过程的管理，如问题划分、资源管理、作业调度、数据加载以及容错控制等，则由计算系统自动完成。

批量计算（Batch Computing）主要面向离线计算场景，计算的数据是静态数据，数据在计算前已经获取并保存，在计算过程中不会发生变化。批量计算的实时性要求通常不高，比如在电商领域统计上一年的销售额，由于上一年的数据已经存在并且不会再增加和修改，因此，该计算可以被允许计算一段时间而不必立即返回结果。

批量大数据计算系统通常由计算请求输入接口、计算管控节点和若干计算执行节点共同组成。用户通过计算逻辑输入接口提交计算请求并指定结果输出位置。用户的一个计算请求在批量计算中通常被称为一个作业（Job）。批量计算的一个作业在提交到计算系统之后，会被分解成一组任务（Task）及其依赖关系，由计算管控节点负责任务的分发，将任务指派到具体的计算执行节点进行运算。每个任务在计算执行节点上可以有一个或多个执行实例（Instance）。实例是批量计算执行和管控的最小单元。

(二) 流式大数据计算

流式计算（Stream Computing）是专门应对在线场景的一种计算方式，它主要处理的是动态数据，这些数据在计算过程中不断实时到达，既无法预知它们的到来时刻和顺序，也无法预先存储。这种计算模式强调实时性，数据一边到达一边进行计算处理。以网站在线统计访问人数为例，每当新访客到来，计数器需要实时加 1，而无法预测未来访客的数量和到达时间。流式大数据计算系统就像一个数据处理的拓扑或管道系统，包含数据源节点负责生成数据流，数据处理节点负责执行计算逻辑，以及数据分发逻辑来定义数据在节点间的流动方向。这样的系统结构确保数据能够高效、实时地在各个节点间流转和处理，满足流式计算对于实时性的高要求。

流式计算的特点主要体现在其处理大数据时的实时性、易失性、突发性、无序性和无限性。首先，流式大数据是实时产生和实时计算的，要求系统具备低延迟计算能力，以快速响应并体现数据的可用性。其次，由于大部分数据在内存中计算后即被丢弃，数据具有显著的易失性，系统需具备容错能力，充分利用每一次数据计算机会。再次，数据源的变化导致数据流速率的突发性，要求系统具备出色的可伸缩性，以灵活应对不确定性。最后，数据流间的无序性要求系统不依赖数据流的内在逻辑，而应具备强大的数据分析和发现规律的能力。最后，流式大数据的无限性意味着数据持续产生且潜在量巨大，系统需确保稳定运行，有效应对这一挑战。

（三）大规模图数据计算

图是表示物件与物件之间关系的数学对象。图数据是一种重要而且普遍的大数据，存在于人们生活的方方面面，例如表示城市与城市之间关系的交通网数据、表示人与人之间关系的社交关系网数据。图计算（Graph Computing）是研究物件与物件之间的关系，并进行整体的刻画、计算和分析的一种技术。随着信息技术和大数据技术的发展，图数据的规模越来越大。如今，传统的集中式图计算已经无法满足日益增长的功能和性能上的需求。

图数据因其强烈的局部依赖性，使得图计算具有局部更新与迭代计算的特点，这导致传统的 MapReduce 批量大数据计算系统在大规模图计算中效率低下。为此，Google 基于 BSP 模型研发了 Pregel 并行图处理系统。BSP 模型，也称大同步模型，由哈佛与牛津学者共同提出，旨在搭建程序语言与计算体系结构间的桥梁。从并行计算视角来看，BSP 属于异步多指令流多数据流分布式存储模型。它包含分布式处理器、全局数据通信网络和全局栅栏同步机制，这些组件共同构成了 BSP 并行计算系统，通过通信网络相互连接，实现了高效、稳定的图计算处理，有效提升了大规模图数据的计算效率。

（四）内存大数据计算

"随着内存价格的不断下降、服务器可配置内存容量的不断增长，使用内存计算完成高速的大数据处理已成为大数据处理的重要发展方向。内存计算是一种通过对体系结构及编程模型等进行革新，将数据装入内存中处理，以尽量避免 I/O 操作的并行计算模式。在应用层面，内存计算主要用于数据密集型计算的处理，尤其是数据量大且需要实时分析处理的计算。这类应用以数据为中心，需要极高的数据传输及处理速率。"[①]

在内存计算模式下，所有的数据在初始化阶段全部加载到内存中，数据处理及查询操作都在高速内存中执行。CPU 直接从内存读取数据，进行实时的计算和分析，减少了磁盘数据访问频率，降低了网络与磁盘 I/O 的影响，大幅提升了计算处理的数据吞吐量与处理的速度。由于内存计算避免了 I/O 瓶颈，以前在数小时、数天时间内计算的结果，在内存计算环境中可在数秒内完成。

内存计算与传统内存缓存的主要区别在于数据在内存中的存储与访问机制。在内存计算中，数据长期驻留于内存，应用程序可直接操作，无需通过其他接口。即使数据量超出内存容量，操作系统和运行时环境会负责数据在内存与磁盘间的无缝交换，从应用程序视角看，数据始终在内存中。而传统内存缓存则是利用部分内存空间缓存磁盘或文件数据，应用程序需通过文件系统接口访问缓存，不能直接操作内存。虽然两者都能通过减少 I/O 操作提升性能，但内存计算因其直接访问特性，效率更高，尤其适合大数据应用。

内存计算主要有以下特性：硬件方面拥有大容量内存，可将待处理数据尽可能全部存放于内存当中，内存可以是单机内存或者分布式内存；具有良好的编程模型和编程接口；主要面向数据密集型应用，数据规模大，处理实时性要求高；大多支持并行处理数据。

[①] 张尧学，胡春明. 大数据导论（第 2 版）[M]. 北京：机械工业出版社，2021：181.

三、基于大数据的图书馆数据存储

(一) 图书馆数据存储模式

1. 存储类型

图书馆中所需要存储的数据有业务数据以及应用数据两种。前者主要包含书籍借还记录以及采编信息存储等内容，多数情况下，其增长量不会有较大浮动，所以需要计算机设备有较高配置，但数据存储和迁移要求并不高。后者则主要包含图书馆中的数字资源以及自建库，因为这些数据多以图片和文本作为表现方式，所占空间相对较大，所以需要较大的空间来进行存储，并且需要计算机有较高的数据处理能力。

2. 图书馆数据存储模式

科技的发展和信息技术的应用使得图书馆的数据存储方式不断更新。存储模式经历了多次改变：磁带数据存储、C/S 模式、RIAD 存储，随着云时代的出现，云概念已经深入人心，并逐渐演变出现代化云存储。目前多数高校仍旧采用传统存储模式，并没有采用云存储。传统的数据存储模式主要有以下三种类型，且各个类型都有着多种缺陷。

(1) 直接对庞大的数据进行存储，存储设备由网络接口连接。这也表明，数据与网络服务器是难以分离的，这种情况下的数据管理就会受到极大限制，无法进行有效拓展，不能集中管理数据。因此，传统数据存储只能应用于小型图书馆的数据存储中。

(2) 采用网络附加实现数据存储。这一存储模式需要链接多台计算机，运用网络拓扑结构进行存储。这种存储模式能够存储大量数据，但是其不足之处也很明显，即所需的设备数量较多，还需要网络宽带，限制较多，在新增设备时还需要考虑设备之间的兼容性。

(3) 借由光纤通道转换机构建出区域网络而实现存储的存储区域网络模式。这一模式在多数图书馆中都有所应用，其优势有传输快、易拓展等，但因为应用技术的复杂性，使得这一存储模式也无法满足大数据发展的需求。

对当前图书馆数据存储方式的调研显示，主流的存储技术主要包括 RAID、DAS、NAS 和 SAN 四种。对这些存储方式进行细致的分析和对比后，我们得出以下结论：RAID 存储方式以其易于操作和较低的维护成本受到青睐，然而其性能相对一般，不易拓展，安全性不足，且难以实现数据共享。相比之下，DAS 存储方式在性能方面有所提升，维护成本也相对较低，但同样面临稳定性不强和数据共享困难的问题。NAS 存储方式则在性能方面表现出色，它支持数据共享，具有良好的拓展性和较高的安全性。然而，这种存储模式操作难度较大，维护成本也相对较高。SAN 存储方式则以其出色的性能、数据共享效果、稳定性、安全性和拓展性在四种模式中脱颖而出。然而，其操作难度最大，设备维护成本也是四种模式中最高的。

"由以上对数据存储方式的优缺点对比中可以发现，目前这些存储方式都有着不可忽视的缺点，所以对数据存储模式进行更新是十分必要的，新型的数据存储模式应该保证数据存储的便捷性，能够进行数据信息共享，拓展性、安全性等都较高，并且维护所需要的成本较低，而对云存储技术在数据存储中应用的情况进行分析之后可以发现，云存储符合以上要求。"[①]

（二）技术优势

传统数据存储都有着多种不足，而云存储则没有这些问题。图书馆具有数据量大、安全性低等特点，如何满足图书馆的这些需求是相关工作者所关注的。一些高校为了提升数据存储质量、便捷数据管理，向其中投入大量资金购买先进设备，但是因为技术不足，不了解云存储等原因，使得图书馆的数据存储无法达到预期效果。将云技术运用于图书馆数据存储工作中，不仅能够实现数据存储的多样化，还能够结合云技术的功能多样性，在保证低成本的基础上更好地运营图书馆，以此能够使数据的维护工作更加便捷，在能够存储庞大数据的同时，使安全性以及稳定性达到最高，有效防止数据丢失情况的出现，使数据更易备份，操作更加简单，有利于图书馆数据存储体系的建成和发展。

① 曹素娥. 基于大数据的高校图书馆数据存储模式 [J]. 电子技术与软件工程, 2019 (13)：170-171.

（三）大数据时代下云技术在图书馆数据存储中应用的途径

在图书馆数据存储工作中运用云技术，首先需要构建存储层、基础管理层、应用接口层和访问层，保证数据存储模式的科学性和实用性，从而使得数字图书馆能够顺利建设和便捷管理。

1. 图书馆数据存储层的构建

在图书馆数据存储体系的构建中，存储层是体系形成的基础，可以通过综合数字资源的方法来使数据存储工作更加便捷。所以，相关工作人员需要结合多种存储设备，如 IP 存储设备以及 DAS 存储设备等，并将硬件设备的优势发挥到最大，从而使存储层的构建更加完善，能够更好地进行数据存储。此外，还需要在满足科学性的基础上，对其进一步完善。

2. 图书馆数据基础管理层的构建

在数据存储体系中，基础管理层扮演着至关重要的角色。在传统数据存储模式下，由于多种因素的制约，构建和完善一个高效、坚实的基础管理层成为一项挑战。因而，当我们将云技术应用于图书馆数据存储时，需要特别关注基础管理层的构建。云技术中的基础管理层建设应基于实用性原则，确保各系统的完善和统一，科学性更是不可或缺的要素。通过这样的方式，数据管理将变得更加便捷，管理质量也将达到最优水平。基础管理层不仅是云存储系统的关键访问途径，它的稳固性和高效性将直接影响整个系统的运行效率。

3. 图书馆应用接口与访问层的构建

对于接口与访问层的构建，则需要相关技术人员思维灵活，对其进行合理完善，构建合适的平台，如 IPTV 模式，保证所构建的接口能够顺利获取数据。除此之外，最终所构建的访问层还需要有较高的安全性，即技术人员需要对访问界面进行完善，通过添加权限，以此来保证用户不仅能够顺利完成数据检索，还能够保证数据不会缺失，有较高的安全性。

第三节　数据挖掘与智能分析技术

一、数据挖掘技术

（一）数据挖掘的内涵及特点

数据挖掘（Data Mining）就是从大量的、不完全的、有噪声的、模糊的、随机的实际应用数据中，提取隐含在其中的、人们事先不知道但又是潜在有用的信息和知识的过程。简单地说，数据挖掘就是从大量数据中提取或"挖掘"知识。

并非所有的信息发现任务都被视为数据挖掘。例如，使用数据库管理系统查找个别的记录，或通过因特网的搜索引擎查找特定的 Web 页面，则是信息检索（Information Retrieval）领域的任务。虽然这些任务也可能涉及使用复杂的算法和数据结构，但是它们主要依赖传统的计算机科学技术和数据的明显特征来创建索引结构，从而有效地组织和检索信息。数据挖掘技术现已用来增强信息检索系统的能力。

面对海量数据库和大量烦琐信息，如何才能从中提取有价值的知识，进一步提高信息的利用率，引发了一个新的研究方向：基于数据库的知识发现（knowledge discovery in database）及相应的数据挖掘（data mining）理论和技术的研究。

数据挖掘是一项跨学科的综合性技术，融合了众多领域的精华。它汲取了统计学中的抽样、估计和假设检验等理论，借鉴了人工智能、模式识别和机器学习中的搜索算法、建模技术和学习理论，同时依托数据库系统提供的存储、索引和查询处理支持。在处理海量数据时，数据挖掘还引入了分布式技术，结合最优化、进化计算、信息论、信号处理、可视化和信息检索等技术，形成了一个高效、全面的数据分析体系。在这一过程中，数据挖掘不仅检索和组织数据，还利用多种算法对数据进行分类、聚类、相关分析，并检测异常。

（二）数据挖掘的任务

数据挖掘分为预测性模型和描述性模型，也称为有监督的模型和无监督的模型。预测性模型或有监督的模型是利用历史数据来预测未知的和未来的特性，它具有明确的、指定的研究对象，考察的是对象之间的影响关系和程度；描述性模型或无监督的模型则是从已有的数据中发现未知的关联和规律，不人为指定研究对象，通过模型算法寻找事物间的本质联系。

数据挖掘的主要方法有分类（classification）、聚类（clustering）、相关规则（association rule）、回归（regression）和其他方法。

（三）数据挖掘的过程

数据挖掘是数据分析的高级阶段，也是企业等组织提升其竞争力所必须经历的一个阶段。数据挖掘所起的作用，从企业的商业角度来看，就是在提出了商业方面的问题后，能够在借助商业行业经验的基础上，依靠企业和相关资源所获得和积累的数据，通过数据挖掘的工具和算法，获得能够解决或优化商业问题的知识和决策支持。

数据挖掘是一个从大量数据中提取有价值的信息和知识的过程。每一种数据挖掘技术方法都有其自身的特点和实现步骤（例如，不同的数据挖掘技术在其输入输出数据的形式和结构、参数设置、训练测试方法、模型评价体系和方式等方面都有着各自的特点和要求，算法的使用方法和适用范围也有所差异），数据挖掘与具体的应用问题也密切相关（数据挖掘所要达到的目标、数据收集的完整程度和有效程度、问题领域专家的支持程度、算法的应用等），因此，成功地应用数据挖掘技术，达到预定目标本身就是一件很复杂的事情。

数据挖掘项目是一个典型的项目，它遵循启动、计划、执行、控制和收尾的过程，利用项目管理的方法和理论进行有效管理。在实际应用中，数据挖掘涉及对商业问题的深入理解，行业经验的运用，数据的收集、检验、预处理，以及算法的选择和挖掘结果的运用等多个环节。由于不同项目涉及的行业、领域、数据规模及复杂度各异，其过程与重点环节也各具特色。因此，系统化方法、工程化方法学及支持系统对于解决数据挖掘应用问题至关重要。为了提炼出这些系统化方法，众多机构提出了数据挖掘过程的参考模型或标准，即数据挖掘过程模型，为数据挖掘项目的实施提供了明确的指导和规范，确保项目能够高效、准确地完成，从而为企业带来实际的商业价值和竞争优势。

数据挖掘过程模型脱离了具体的数据挖掘的算法、模型和系统，从方法论的角度明确了实施数据挖掘项目的流程和步骤。常见的有三阶段过程模型、数据挖掘特别兴趣小组提出的 CRISP-DM 模型、SAS 提出的 SEMMA 模型和 SPSS 提出的 5A 模型等。"在这些模型中，三阶段模型强调数据挖掘步骤和过程的有序性和完整性；SEMMA 强调的则是与 SAS 数据挖掘产品的结合应用；5A 模型强调的是支持数据挖掘过程的工具应具有的功能和能力；CRISP-DM 则是从方法论的角度强调实施数据挖掘项目的方法和步骤，它独立于具体的数据挖掘算法和数据挖掘系统。比较而言，由于三阶段模型和 CRISP-DM 分别从支持功能和方法论的角度描述了数据挖掘的过程，因此在数据挖掘实践中较为通用。"[①]

二、大数据智能分析技术

大数据分析是指对规模巨大的数据进行分析。其目的是通过多个学科技术的融合，实现数据的采集、管理和分析，从而发现新的知识和规律。

（一）大数据分析的基本方法

大数据分析可以分为以下五种基本方法。

1. 预测性分析

大数据分析中的预测性分析，是深度挖掘数据价值的关键所在。它利用先进的算法和模型，从海量的数据中提炼出隐藏的规律，为决策提供有力的支持。预测性分析能够通过对历史数据的分析，预测未来的趋势和变化，帮助图书馆精准把握市场机遇，降低风险。同时，它还能够优化资源配置，提高运营效率，为图书馆创造更大的价值。

2. 可视化分析

不管是对数据分析专家还是普通用户，对于大数据分析最基本的要求就是可视化分析，因为可视化分析能够直观地呈现大数据特点，同时能够非常容易被用户所接受，就如同看图说话一样简单明了。可视化可以直观地展示数据，让数据

---

① 葛东旭. 数据挖掘原理与应用 [M]. 北京：机械工业出版社，2020：17.

自己说话，让观众听到结果。数据可视化是数据分析工具最基本的要求。

3. 大数据挖掘算法

可视化分析结果是给用户看的，而数据挖掘算法是给计算机看的，通过让机器学习算法，按人的指令工作，从而呈现给用户隐藏在数据之中的有价值的结果。大数据分析的理论核心就是数据挖掘算法，算法不仅要考虑数据的量，也要考虑处理的速度。目前在许多领域的研究都是在分布式计算框架上对现有的数据挖掘理论加以改进，进行并行化、分布式处理。

常用的数据挖掘方法有分类、预测、关联规则、聚类、决策树、描述和可视化、复杂数据类型挖掘（Text、Web、图形图像、视频、音频）等。已有很多学者对大数据挖掘算法进行了研究。

4. 语义引擎

数据的内涵在于其蕴含的语义。语义技术是一种能够从词语的深层次意义上来解读和处理用户检索需求的技术手段。借助语义引擎，网络中的资源对象得以进行语义标注，同时用户的查询表达也经过语义处理，这使得自然语言在逻辑上更为严谨，进而在网络环境中实现高效且广泛的语义推理。通过这种方式，语义引擎能够更精确、全面地满足用户的检索需求。大数据分析在网络数据挖掘中发挥着重要作用，通过对用户搜索关键词的深入剖析，可以精准把握用户需求，进而优化用户体验。

5. 数据质量和数据管理

数据质量和数据管理是指为了满足信息利用的需要，对信息系统的各个信息采集点进行规范，包括建立模式化的操作规程，原始信息的校验，错误信息的反馈、矫正等一系列过程。大数据分析离不开数据质量和数据管理，高质量的数据和有效的数据管理，无论是在学术研究还是在商业应用领域，都能够保证分析结果的真实和价值。

大数据分析的基础就是以上五种方法，如果进行更加深入的大数据分析，还需要更加专业的大数据分析手段、方法和工具的运用。

（二）大数据分析的主要技术

大数据分析的主要技术有深度学习、知识计算及可视化等，深度学习和知识计算是大数据分析的基础，而可视化在数据分析和结果呈现的过程中均起到关键作用。

1. 深度学习

（1）认识深度学习。深度学习是一种能够模拟出人脑的神经结构的机器学习方式，从而能够让计算机具有人一样的智慧。其利用层次化的架构学习出对象在不同层次上的表达，这种层次化的表达可以帮助解决更加复杂抽象的问题。在层次化中，高层的概念通常是通过低层的概念来定义的，深度学习可以对人类难以理解的底层数据特征进行层层抽象，从而提高数据学习的精度。让计算机模仿人脑的机制来分析数据，建立类似人脑的神经网络进行机器学习，从而实现对数据进行有效表达、解释和学习，这种技术无疑是前景无限的。

（2）深度学习的应用。近年来，深度学习在多个应用领域取得了显著进展，尤其在语音、图像和自然语言处理等领域。在自然语言处理方面，深度学习被广泛应用于机器翻译和语义挖掘，如 IBM、Google 等国外企业都迅速展开了语音识别的研究。同时，国内的阿里巴巴、科大讯飞、百度以及中国科学院自动化研究所等机构也在积极研究深度学习在语音识别上的应用。在图像领域，深度学习也取得了令人瞩目的进展，如微软推出的 how-old 网站，能通过分析照片中的面部特征来估算人物年龄。此外，百度牵头的分布式深度机器学习开源平台也正式开放，该平台吸引了来自全球知名企业和高校的开发者，共同推动深度学习技术的发展。

2. 知识计算

（1）认识知识计算。知识计算是从大数据中首先获得有价值的知识，并对其进行深入的计算和分析的过程。也就是要对数据进行高端的分析，需要从大数据中先提取出有价值的知识，并把它构建成可支持查询、分析与计算的知识库。知识计算是目前国内外工业界开发和学术界研究的一个热点。知识计算的基础是构建知识库，知识库中的知识是显式的知识。通过利用显式的知识，人们可以进一步计算出隐式知识。知识计算包括属性计算、关系计算、实例计算等。

（2）知识计算的应用。目前，世界上由各个组织建立的知识库达 50 余种，相关的应用系统更是达到了上百种。知识库除了改善人机交互之外，也会推动现实增强技术的发展。

知识图谱是一种大型知识库，通过连接不同种类的信息形成关系网络，最早由 Google 提出，旨在从关系的角度提升分析能力。

3. 可视化

可视化是帮助大数据分析用户理解数据及解析数据分析结果的有效方法。可以帮助人们分析大规模、高维度、多来源、动态演化的信息，并辅助作出实时决策。大数据可视化的主要手段有数据转换和视觉转换。其主要方法有：对信息流压缩或者删除数据中的冗余来对数据进行简化；设计多尺度、多层次的方法实现信息在不同的解析度上的展示；把数据存储在外存，并让用户可以通过交互手段方便地获取相关数据；新的视觉隐喻方法以全新的方式展示数据，如"焦点+上下文"方法，它重点对焦点数据进行细节展示，对不重要的数据则简化表示，例如鱼眼视图。

三、数据挖掘在图书馆智能分析中的应用研究

（一）数据挖掘在图书馆智能分析中的作用

随着科学信息技术的高速发展，城市在发展建设过程中也不断扩大其图书馆的规模，其藏书量在扩大，管理系统的数据量也越来越多，要提高图书馆的服务质量，打造个性化服务，图书馆就要运用数据挖掘技术，提高图书馆系统的智能化。

1. 提高图书馆的决策能力

"现在的图书馆管理系统中都运用了数据挖掘技术，它可以实现有用数据信息的分析研究，为管理员和领导提供更科学准确的决策，提高其可操作性。比如，在查阅图书借阅情况时，运用数据挖掘技术分析，对于读者的读书类别和次数进行提取分析，就可以从中发现其借阅规律，为图书馆的管理和图书添置提供方向，也提供了一种可行性的依据。因为数据挖掘技术的智能化，它实现了图书馆管理系统内部数据和外部数据的统一，并以此为基础进行智能分析，领导才可以得到更加灵活准确的数据信息，然后进行图书馆的管理决策。这一信息技术主

要是根据历史数据查找其中隐藏的规律，然后进行预测，为实际决策提供依据。"①

2. 指导采购工作

数据挖掘技术进行的是智能化的数据分析，其得到的分析结果对图书馆的图书采购计划有很大的指导作用。通过分析预测，图书馆图书的采购行为就可以根据读者的实际阅读量进行，而不是由图书采购员的主观因素和分析进行的，使得图书的利用率提高，降低了不合理图书采购带来的影响。

3. 打造个性化服务

图书馆设立的初衷是服务于教师和学生，旨在为他们提供丰富的图书资源以满足其学习和研究需求。然而，当图书馆的藏书与读者需求、兴趣存在显著差距时，不仅图书的利用率会大幅下降，还会造成资源的极大浪费。为了解决这一问题，图书馆可以引入数据挖掘技术。通过这项技术，图书馆可以深入分析读者的阅读行为、需求和偏好，从而准确把握他们的图书需求。基于这些分析结果，图书馆可以提供个性化的服务，如推荐适合读者兴趣和需求的图书，定制专属的阅读清单等。这种做法不仅能够提升图书馆的服务质量，使其更加贴合读者的实际需求，还能够充分发挥图书馆作为知识宝库的作用，让每一本图书都能得到充分的利用，减少资源浪费。

（二）数据挖掘在图书馆智能分析中面临的挑战

在图书馆中运用数据挖掘技术虽然可以解决很多问题，但是数据挖掘技术本身也存在一些缺陷，主客观因素都会对其产生影响。因此，在图书馆智能分析中，在享受数据挖掘技术带来好处的同时，也要发现其对图书馆智能分析带来的新的挑战，为读者提供更高质量的服务。

1. 异构数据源的信息挖掘

异构数据源来自很多不同的数据源，需要从中获取有用的信息再进行综合分析，得到的信息才是有用的。但在图书馆管理中，资源信息更新换代快，而且需

---

① 赵吉文. 数据挖掘在高校图书馆智能分析中的应用研究［J］. 数字技术与应用，2019（6）：52-53.

要很大的资金投入，图书馆的技术管理人员也要不断学习，这就增加了其运用的难度。

2. 数据挖掘结果的合理表示

将数据挖掘技术运用在图书馆的数据信息挖掘中有很大的作用，但信息的处理、挖掘结果的运用等方面都具有不确定性，其受到挖掘信息的种类、表现形式等因素的影响，挖掘结果的表达也需要继续分析。对于数据信息的挖掘结果与图书馆的从业人员的研究角度和方式也存在差别，必须区分其不同的表现形式，才能进行挖掘结果的分析。

3. 不同层面数据信息的交互式挖掘

在数据信息挖掘中要先确定挖掘目标，图书馆的数据信息资源很多，数据信息的挖掘是一种复杂信息的查询过程，在不同的层面都有不同的信息处理方式，而且查询过程要保留一些有用的环节，这样数据挖掘的结果才更具有可靠性。在这一过程中，要根据实际的搜索条件进行及时的动态调整和查询，其中的查询过程必须从不同角度审视，并结合挖掘过程进行数据的灵活性变动调整。这些都要求图书管理人员的专业技术能力，进而增加了这一工作的复杂性。

（三）数据挖掘在图书馆智能分析中的应用

1. 推荐图书文献

在图书馆的智能分析过程中，数据挖掘技术展现出其强大的分析能力。它能够基于读者的历史阅读数据，进行深入的聚类和关联分析，从而洞察读者阅读图书文献之间的内在关联规则。例如，我们发现某位读者虽然主要偏好文学类书籍，但同时也对法律类图书表现出浓厚的兴趣。通过数据分析，我们可以运用计算技术精确地捕捉这些关联规则，并深入理解这类读者的基本借阅模式。基于这些宝贵的信息，图书馆能够更精准地为读者推荐他们可能更感兴趣的图书数据库。当读者进行图书阅读或借阅时，图书馆系统能够智能地为他们推荐与其阅读兴趣相关的图书文献资料。这样不仅极大地节省了读者的时间，让他们能够更高效地找到感兴趣的图书，同时也提升了图书馆的服务质量，使每一位读者都能感受到图书馆的人性化关怀。

2. 检索图书文献

图书馆文献检索是其信息推荐个性化服务的重要内容，以往图书馆文献的检索只提供文献的简单信息，对于读者的阅读兴趣不能进行智能化的分析，其服务也就不够个性化。数据挖掘技术则可以轻松实现个性化推荐服务，它对读者借阅行为产生的数据信息进行收集，主要是图书馆数据库中读者的借阅记录、预约记录、续借记录等，并对此展开筛选处理，消除噪声数据和重复数据再预处理和转换得到的信息，然后就可以建立数据库进行数据的挖掘计算。根据之前建立的数据库，进行聚类和关联性分析，对于读者借阅书目的类型、阅读兴趣爱好等信息进行集合、分析，并结合可视化技术提供更具个性化的文献检索服务。读者进行文献检索时，图书馆系统就会通过数据挖掘产生的推荐集自动为读者推荐相关的文献，提取有价值的文献数据信息，运用可视化和动态改变的方式呈现出来。

3. 管理馆藏书架

图书馆的馆藏有很多类别，对馆藏书架管理优化是影响图书馆科学管理的重要因素，可以进行图书文献变化趋势的预测，预留最新文献的位置，减少馆藏图书的倒架工作，及时剔除旧文献。在图书馆智能分析中运用数据挖掘技术，可以预测分析历年图书文献的借阅日志，把握其周期性变化，完成图书借阅的分类管理，并了解借阅频繁、增加幅度大的图书类别。通过这两部分图书信息的分析和设置的排架规则，对于借阅量大的图书要为其预留位置，减少图书的倒架工作。同时要分类分析馆藏中的文献数据，对于规定时间内流通少和基本没有流通的图书要进行处理，而复本过多的图书也要进行分类，对文献的数量和藏书位置进行统计，及时剔除旧文献，将其下架。

4. 情报咨询工作

在互联网时代，信息的繁杂性给情报咨询工作带来了巨大挑战。为了应对这一问题，数据挖掘技术成为关键工具。图书馆的信息挖掘系统应当与互联网紧密连接，并与高校的教学安排、研究内容、发展方向等紧密结合，通过挖掘服务器上的互联网网页，实现信息的有效获取。结合用户的搜索条件，数据挖掘技术能够自动在互联网上搜索相关网页内容，并进行深度分析，为用户提供更为完整、安全的数据信息。检索结果不仅经过聚类和关联性分析，还根据学科发展、科研方向等内容进行分类，提供索引和有效的链接方式。通过建立直观易用的检索界面，图书馆为读者提供了可视化的信息挖掘方式。读者可以根据服务器提供的关键词、主题等有效检索条件，快速完成信息挖掘。

第四节　大数据安全与隐私保护技术

一、大数据安全技术

随着大数据的发展，针对大数据的安全防护技术也在不断完善和创新，目前的关键技术有数据加密技术、数据真实性分析与认证技术、访问控制技术、数据溯源技术、安全审计技术、APT 检测技术等。

（一）数据加密技术

为了保证数据的机密性，越来越多的公司和个人用户选择对数据进行加密。数据加密技术的基本思路是将原始信息（或称明文）经过加密密钥及加密函数转换，变成无意义的密文，实现信息隐蔽，而接收方利用解密函数、解密密钥将密文还原成明文。

要了解数据加密技术，需要明确以下概念。

明文（Plain Text）：没有加密的原始数据。

密文（Cypher Text）：加密以后的数据。

加密（Encryption）：把明文变换成密文的过程。

解密（Decryption）：把密文还原成明文的过程。

密钥（Key）：一般是单词、短语或一串数字，是用于加密和解密的钥匙。

随着互联网的发展和云计算的诞生，人们在密文搜索、匿名电子投票和多方计算等方面的需求日益增加，并将数据以密文形式存储在云端服务器。云计算虽然具有低成本、高性能和便捷等优势，但是从安全角度讲，它存在的问题是如何保证数据的私密性，目前来看，用户还不敢将敏感信息直接放到第三方云上进行处理。一般的数据加密技术，用户是不能对密文做任何操作的，只能进行存储、传输，否则会导致错误的解密，甚至解密失败，因此不能满足对除明文外的密文进行处理的需求。而同态加密和可搜索加密可以在一定程度上解决以上难题。

1. 同态加密

同态加密（Homomorphic Encryption）是基于数学难题的计算复杂性理论的密码学技术，对经过同态加密的数据进行处理得到一个输出，将这一输出进行解密，其结果与用同一方法处理未加密的原始数据得到的输出结果是一样的。与一般加密算法相比，同态加密除了能实现基本的加密操作之外，还能实现密文间的多种计算功能，即先计算后解密可等价于先解密后计算，这个特性对于保护信息的安全具有重要意义。

同态加密技术的优势体现在多个方面：在计算复杂性上，它允许先对多个密文进行计算后再统一解密，避免了逐一解密的烦琐和高昂计算成本；在通信复杂性上，它实现了无密钥方对密文的计算，即密文计算无须经过密钥方，通过分担计算任务，平衡了各方的计算负担，降低了通信成本；在安全性上，它确保了只有解密方能够获知最终结果，而无法得知每个密文的具体内容，从而大幅提升了信息的安全性。

2. 可搜索加密

用户需要寻找包含某个关键字的相关信息时，会遇到如何对在云端服务器的密文进行搜索操作的难题。可搜索加密（Searchable Encryption）技术解决了该难题，它是一种基于密文进行关键字搜索查询的方案，在这种模式下，可通过密码学的基本技术来保证用户的隐私信息和人身安全。

可搜索加密技术近年来崭露头角，它支持用户在密文上执行关键字查找，为数据隐私保护提供了有力工具。这一技术的安全性备受瞩目，它能够实现多重安全保护：首先，不可信服务器仅通过密文无法获取明文的任何信息，确保了数据的机密性；其次，控制搜索安全机制确保服务器不能擅自进行搜索，必须有合法用户的认证；再次，隐藏查询安全允许用户查询关键字而不暴露具体内容，保护了查询的隐私；最后，查询独立安全则保证服务器在搜索过程中除结果外，无法获取关于关键字或明文的任何信息。

在效率方面，可搜索加密技术同样表现出色。用户无须为未包含关键字的文件浪费网络资源和存储空间，云端则承担搜索任务，充分发挥其强大的计算能力。此外，该技术还能节约资源，用户无须解密不符合条件的文件，从而节省了本地计算资源。

（二）大数据真实性分析与认证技术

为保证大数据的真实性，需要对大数据的发布者做认证检测，如利用数字签名、数字水印、口令等认证技术，近年来，指纹、人脸等生物识别方式也在各个领域投入使用。另外，随着数据挖掘技术的发展，一种基于数据挖掘的认证技术也应运而生。

1. 数字签名

数字签名（Digital Signature）是一种通过密码技术对电子文档形成的签名，结合了哈希算法等公钥加密技术。它类似现实生活中的手写签名，但数字签名并不是手写签名的数字图像化，而是加密后得到的一段数字串，如十六进制形式的一串字符"A00117EFF3132……3CB2"，目的是保证发送信息的真实性和完整性，防止欺骗和抵赖的发生。数字签名要能够实现网上身份的认证，必须满足三个要求：接收方可以确认发送方的真实身份；接收方不能伪造签名或篡改发送的信息；发送方不能抵赖自己的数字签名和发送的内容。

数字签名的基本原理是：每个人都有一对数字身份，其中一个只有本人知道，称为私钥；另一个是公开的，称为公钥，公钥必须向接受者所信任的人注册，一般是身份认证机构，注册后身份认证机构给发送者授予数字证书。一般来说，公钥用于加密而私钥用于解密，或用私钥实现数字签名而用公钥来验证签名。哈希函数的输入为任意长度的消息 M，输出为一个固定长度的散列值，称为消息摘要（Message Digest）。哈希函数是消息 M 的所有位的函数并提供错误检测能力，即消息中的任何一位或多位的变化都将导致该散列值的变化。

数字签名的过程如下：发送报文时，发送方用一个哈希函数从报文文本中生成数字摘要，然后用发送方的私钥对这个摘要进行加密，这个加密后的摘要将作为报文的数字签名和报文一起发送给接收方。数字签名的验证过程如下：接收方首先用自己的公钥来对报文附加的数字签名进行解密，再用与发送方一样的哈希函数从接收到的原始报文中计算出报文摘要，如果两个摘要相同，那么接收方就能确认该数字签名是发送方的。

2. 数字水印

数字水印（Digital Watermark）是一种先进的计算机算法技术，用于在载体文件中嵌入不易察觉的防护信息。这种技术独特地结合了内容特性与非密码机制，实现了信息隐藏的巧妙应用。通过将标识信息（即数字水印）以微妙的方式嵌入到数据载体内部，数字水印技术不仅保持了原载体的使用价值，还使其难以被轻易探知或修改。然而，对于生产方来说，这些水印信息却是可识别和辨认的，为确认数字产品的所有权或检验数字内容的原始性提供了强有力的手段。

数字水印技术具有以下特点：①安全性。数字水印的信息是安全的，难以篡改或伪造；同时，有较低的误检测率，当原内容发生变化时，数字水印会发生变化，从而可以检测原始数据的变更；另外，数字水印对重复添加有很强的抵抗性。②隐蔽性。数字水印是不可知觉的，而且不影响被保护数据的正常使用，不会降低数据质量。③鲁棒性。其是指在经历多种无意或有意的信号处理过程后，数字水印仍能保持部分完整性并能被准确鉴别。④敏感性。其是指经过分发、传输、使用过程后，数字水印能够准确地判断数据是否遭受篡改，进一步地，可判断数据篡改位置、程度甚至恢复原始信息。

3. 基于数据挖掘的认证技术

基于数据挖掘的认证技术指的是收集用户行为和设备数据，并对这些数据进行分析，通过鉴别操作者行为及其设备使用信息来确定其身份。

基于数据挖掘的认证技术相较于数字签名和数字水印技术，展现出了诸多显著优势。首先，在安全性方面，该技术利用大数据技术广泛收集用户行为和设备特征数据，包括使用时间、常用设备、物理位置、操作习惯和消费数据等，从而构建出独特的用户行为特征轮廓。攻击者难以全面模仿用户行为，因此他们伪造的用户信息在认证过程中极易被识破，确保了较高的安全性能。其次，该技术极大地减轻了用户负担。认证系统负责数据的采集、存储和分析，无须用户持有不同凭证，消除了因凭证差异带来的不便。最后，该技术有助于实现各系统认证机制的统一，允许用户在网络空间中采用一致的行为特征进行身份验证，避免了不同系统采用不同认证方式造成的困扰。

虽然基于数据挖掘的认证技术具有上述优点，但是它也存在一些有待于解决的问题：①初始阶段的认证问题。基于数据挖掘的认证技术建立在大量用户行为和设备特征数据分析的基础上，而初始阶段不具备大量数据，因此，无法分析出用户行为特征，或者分析的结果不够准确。②用户隐私问题。为了保证数据的有效性，基于数据挖掘的认证技术需要长期持续地收集大量的用户行为和设备特征数据，如何在收集和分析这些数据的同时确保用户隐私，也是亟待解决的问题。

（三）访问控制技术

在大数据环境下，如何确保合适的数据及属性能够在合适的时间、地点让合适的用户访问和利用，是大数据访问和使用阶段面临的主要问题。传统的访问控制模型都存在着一些缺陷，不能满足更高效、更精细、更灵活的访问控制环境。主要的访问控制技术有基于角色的访问控制、基于属性加密的访问控制、基于风险的访问控制等。

1. 基于角色的访问控制

基于角色的访问控制（Role-Based Access Control，RBAC）是实施面向企业安全策略的一种有效的访问控制方式，其基本思想是，对系统操作的各种权限不直接授予具体的用户，而是在用户集合与权限集合之间建立一个角色集合，即一个用户拥有若干角色，每一个角色拥有若干权限，这样就构造成"用户—角色—权限"的授权模型。在这种模型中，用户与角色之间、角色与权限之间一般是多对多的关系。

一旦用户被赋予相应的角色，他们便自动拥有该角色所涵盖的所有操作权限。这种机制的好处在于，无须在每次创建新用户时都单独为其分配权限，只需将用户与适当的角色关联即可。此外，角色的权限变更通常比单个用户的权限变更要少，这大大简化了权限管理过程，减少了系统开销，并提高了企业安全策略的灵活性。

然而，基于角色的访问控制也存在一些不足。它只能在特定程度上解决某些系统的安全问题，特别是在分布式环境下，其管理规模和控制力度可能面临挑战，效果可能不尽如人意。此外，这种机制还无法有效抵抗合谋攻击，即多个成员可能联合起来，利用各自的角色权限来解密或访问敏感资源，从而威胁到系统的安全性。

2. 基于属性加密的访问控制

在云计算、物联网等新型计算环境下，为了使用户可以放心地将自己的数据交付给数据服务提供商，除对用户的访问操作进行控制外，还须考虑对数据本身的保护。基于属性加密的访问控制（Attribute-Based Encryption Access Control，ABE）实现了对数据机密性的访问控制，它的基本思想是用一系列可描述的属性集来描述用户的身份信息（称为主体属性）和资源信息（称为资源属性），加密者在加密时设定访问规则，并以密文的形式存储在服务器上（称为权限属性）。当接收者向服务器进行身份认证时，需要出示与自身属性相关的信任证书，当接收者拥有的属性超过加密者所描述的预设门槛时，用户便可对资源进行解密，将服务器对应的资源发送给接收者。

基于属性加密的访问控制具有很多优点。首先，它展现了强大的表达能力，将用户身份的表达从传统的唯一标识符扩展到丰富的属性集合，这使得我们可以从多个维度和视角来描述主体。其次，通过将访问结构融入属性集合，数据拥有者无须为每个用户单独分发属性密钥，而是通过设定访问结构来进行高效的权限管理。这不仅大幅降低了权限管理的复杂性，还实现了一对多的加密文件访问控制，提高了管理的便捷性和效率。此外，数据拥有者享有对数据的完全控制权，可以精确地指定哪些用户可以访问加密数据，进一步增强了数据的安全性。

然而，基于属性加密的访问控制也存在一些不可忽视的缺点。首先，由于属性集的数量庞大，属性计算过程变得相当耗时，这可能会影响系统的响应速度和用户体验。其次，在新型计算环境下，用户的属性往往会发生频繁变化，这就要求属性集也需要随之进行频繁的更新。这不仅增加了管理的复杂性，还耗费了大量的计算资源，可能影响到系统的整体性能和稳定性。因此，在实际应用中，需要权衡这些优缺点，根据具体需求和环境来选择合适的访问控制策略。

3. 基于风险的访问控制

由于大数据应用系统的复杂性，通常会存在一些特定的访问需求在设计策略时没有考虑，或者访问需求的变化引起访问控制策略不再适合等。如果严格按照预先定义的策略执行访问控制，将产生授权不足无法完成业务的情况。基于风险的访问控制能够解决这一问题。基于风险的访问控制不再严格地按照预先分配的权限进行访问控制，而是衡量访问行为所带来的风险是否能为系统接受。因此，当发生一些未预料到的访问行为时，若其风险是可接受的，则仍然可以允许该访问。这对于大数据应用来说是非常必要的，极大地提高了其可用性。

（四）数据溯源技术

由于大数据的多样化及网络欺诈行为的频繁发生，数据的真实性越来越受重视，必须通过追踪相关日志、参数、网络包等信息记录数据的来源以及在生命周期各阶段的状态，来确保数据的真实可靠性和可追溯性，以便为后期的挖掘分析提供辅助支持。常用的数据溯源技术有标记法、反向查询法等。

1. 标记法

标记法是指用标注的方式来记录原始数据的一些重要信息，如原始信息的背景、作者、时间、出处等，并让标注和数据一起传播，最后通过查看目标数据的标注来获得数据的溯源。标注法具有实现简单、容易管理等优点，它的缺点是只适合小型系统，对于大型系统而言，很难为细粒度的数据提供详细的数据溯源信息；此外它还需要额外的存储空间，对存储造成很大的压力。

2. 反向查询法

反向查询法通过构造原函数的反函数对查询求逆，由结果追溯到元数据，更适合于细粒度数据。与标注法相比，它需要的存储空间更小，并且追踪比较简单，只需存储少量的元数据就可实现对数据的溯源追踪。其缺点是用户需要提供反函数和相对应的验证函数，而并不是所有函数都具有反函数，因此具有一定局限性，实现起来相对比较复杂。

（五）安全审计技术

大数据因其易复制性，在共享前需经过严格审计，确保数据的完整性、真实性和有效性。这不仅降低了对云服务的信任风险，还为数据溯源提供了支持。大数据审计的核心是记录用户的访问和行为。审计涵盖业务、资源、数据等多个方面，重点关注账号、授权、认证、访问控制、关键操作和敏感信息等。通过实时、持续的监控，一旦发现异常行为，便会发出警报并采取措施，同时记录这些行为。然而，大数据产生的日志数量庞大，传统审计技术已不适用。因此，我们可以采用基于规则、统计和特征自学习的审计技术，这些技术更加高效、准确，能够适应大数据环境的需求。

1. 基于规则的安全审计

基于规则的安全审计方法的基本思想是：将已知的攻击行为进行特征提取，之后放入特征数据库中，当进行安全审计分析时，将收集到的网络数据与特征数据库中的特征进行比较匹配，判断是否出现网络攻击行为，对此采取相应的响应机制。

2. 基于统计的安全审计

基于统计的安全审计的基本思路是：统计正常情况下对象的统计量描述，如网络流量的平均值、方差等，根据经验设定临界值，即正常数值和非正常数值的分界点，然后将实际产生的统计量数值与临界值对比，从而判断是否受到网络攻击，并采取相应的响应机制。

3. 基于机器自学习的安全审计

对于已知的入侵模式，基于规则和统计的安全审计方法能较好地应对，但不适用于未知的入侵模式。而基于机器自学习的安全审计能通过数据挖掘分析和关联分析，对未知的入侵模式提供更快的异常活动检测，更有针对性地观察事件行为趋势，从而对可疑行为进行预警。

（六）APT 检测技术

APT 也称高级可持续威胁攻击，是指某组织对特定对象展开的持续有效的攻击活动，其主要特点是有组织、目标明确、持续性、破坏力大、隐蔽性强。

与传统网络攻击相比，APT 的检测难度主要表现在以下三个方面。

1. 先进的攻击方法

攻击者能适应防御者的入侵检测能力，不断更换和改进入侵方法，具有较强的隐藏能力，攻击入口、途径、时间都是不确定和不可预见的，使得基于特征匹配的传统检测防御技术很难有效检测出攻击。

2. 持续性攻击与隐藏

APT 通过长时间攻击成功进入目标系统后，通常采取隐藏策略进入休眠状态，待时机成熟时，才偶尔与外部服务器交流，系统察觉不到明显异常，这使得基于单点时间或短时间窗口的实时检测技术和会话频繁检测技术也难以成功检测出异常攻击。

3. 长期驻留目标系统，保持系统的访问权限

攻击者一旦侵入目标系统，便会积极争取目标系统或网络的最高权限，实现程序的自启功能。同时，攻击者会在目标网络中基于已控制的网络主机实现横向转移和信息收集，规避安全检测，扩大被入侵网络的覆盖面，寻找新的攻击目标。一旦其找到了想要攻击的最终目标和适当传送信息的机会，攻击者便会通过事先准备好的隐藏通道获取信息、窃取数据或执行破坏活动，且不留痕迹。

现有的许多基于网络大数据分析的攻击检测技术可以用以检测 APT。常用的 APT 检测技术主要有网络流量异常检测、主机恶意代码异常检测和社交网络安全事件挖掘等。

二、大数据隐私保护技术

大数据安全防护技术确保了大数据的机密性、完整性和可用性，隐私保护是指在此基础上，进一步保证个人隐私信息不发生泄露。目前应用最广泛的隐私保护技术有数据隐藏、数据脱敏、数据发布匿名、基于差分隐私的数据发布等。

（一）数据隐藏

鉴于大数据的多样性和动态性特征，即便是经过匿名处理的数据，在经过关联分析、聚类、分类等数据挖掘方法处理后，用户的隐私仍可能被揭示。因此，数据隐藏技术应运而生。作为一种专门针对数据挖掘的隐私保护手段，其目标是在确保大数据可用性的同时，有效防范因数据挖掘方法而引发的隐私泄露风险。在数据隐藏领域，研究主要聚焦于数据扰动和安全多方计算两种方法。其中，数据扰动技术又进一步细分为数据交换和随机化等策略。

1. 数据扰动

数据扰动（Data Perturbation）的思想是对数据进行变换，使其中敏感信息被

隐藏，只呈现出数据的统计学特征。数据交换即在记录之间交换数据的数值，保留某些统计学特征而不保留真实数值。随机化是指在原始数据中添加一些噪声，然后发布扰动后的数据，从而隐藏真实数值，达到防护隐私的目的，但扰动后的数据仍然保留着原始数据的分布信息，通过对扰动后的数据进行重构，可以恢复原始数据的分布信息。

2. 安全多方计算

安全多方计算（Secure Multi-Party Computation，SMC）是指针对无可信第三方的情况下，允许多个数据拥有者进行协同计算，输出计算结果。该计算方式确保各个参与者只能得到既定的输出结果，参与者的任何隐私信息不会被泄露。

当一个安全多方计算任务发起时，枢纽节点传输网络及信令控制。每个数据持有方可发起协同计算任务。通过枢纽节点进行路由寻址，选择相似数据类型的其余数据持有方进行安全的协同计算。参与协同计算的多个数据持有方的安全多方计算节点根据计算逻辑，从本地数据库中查询所需数据，共同就安全多方计算任务在数据流间进行协同计算。在保证输入隐私性的前提下，各方得到正确的数据反馈，整个过程中本地数据没有泄露给其他任何参与方。

安全多方计算技术主要解决参与者间的协同计算与隐私信息保护问题，其显著特点包括输入隐私性、计算正确性及去中心化。在计算过程中，各方必须确保私密输入保持独立，避免泄露任何本地数据，以保障输入隐私性。同时，通过安全多方计算协议，各参与方能够协同完成计算，并在计算结束后获得准确的数据反馈，确保计算正确性。此外，与传统的分布式计算不同，安全多方计算中各方地位平等，不存在特权参与方或第三方，实现了一种去中心化的计算模式，从而增强了数据隐私与安全性。

安全多方计算技术在需要秘密共享和隐私保护的场景中具有重要意义，其主要适用的场景包括数据可信交换、数据安全查询、联合数据分析等。

（二）数据脱敏

数据脱敏是一种数据变形技术，它遵循特定的脱敏规则，对识别出的敏感信息进行转换，以确保敏感隐私数据得到可靠保护。在处理涉及客户安全数据或商业性敏感数据的场景中，需要在不破坏系统规则的前提下，对真实数据进行改造，以便用于测试目的。例如，个人信息如身份证号、手机号、卡号、客户号等都需要进行数据脱敏处理。在识别数据对象中的敏感信息时，通常借助自动化敏感信息识别技术和机器学习方法，构建一个包含已知敏感信息的知识库，然后对疑似敏感信息进行匹配，以准确识别并进行脱敏操作。

（三）数据发布匿名

数据发布匿名是匿名技术在数据发布中的应用，在确保所发布的数据公开可用的前提下，隐藏数据记录与特定个人之间的对应联系，从而防护个人隐私。典型的数据发布匿名技术有 k-匿名、l-diversity 匿名、m-invariance 匿名等。下面以 k-匿名为例进行介绍。首先引入四个概念：

第一，标识符：能直接确定一个个体的属性，如用户 ID、姓名等。

第二，准标识符集：通过和外部表连接来间接确定一个个体的最小属性集，如，省份、出生时间、性别、邮编。

第三，链式攻击：攻击者通过对发布的数据和从其他渠道获取的外部数据进行链接操作，以推理出隐私数据。

第四，数据泛化：用较高层次的概念替换较低层次的概念，从而汇总数据，例如把年龄的具体数值范围替换为青年、中年和老年。

数据发布中隐私保护对象主要是用户敏感数据与个体身份之间的对应关系，通常采用删除标识符的方式，使得攻击者无法直接标识用户。但攻击者通过其他包含个人信息的开放数据库获得准标识符集进行链式攻击，也可获取个体的隐私数据。因此，为解决链接攻击所导致的隐私泄露问题，k-匿名方法应运而生。

k-匿名技术通过数据的泛化处理，发布精度较低的数据集，确保每个准标识符集至少关联 k 条记录，从而有效阻断攻击者通过准标识符连接记录的行为。在保护个人隐私数据方面，k-匿名技术展现出显著优势：攻击者无法判断某特定个体是否存在于公开数据中；给定某个个体，攻击者亦无法确定其是否具备某项敏感属性；同时，攻击者无法将某条数据与具体个体对应起来。然而，k-匿名技术也面临挑战：经过匿名处理的数据其可用性可能会大幅下降。因此，在实际应用中需要权衡隐私保护与数据可用性之间的关系。

（四）基于差分隐私的数据发布

差分隐私（Differential Privacy）是密码学中的一种手段，当从统计数据库查询数据时，能在保留统计学特征的前提下去除个体特征，最大程度减少识别用户隐私记录的机会，同时，保证个人隐私的泄露风险不超过预先设定的风险值。常用的差分隐私的方法是对数据加入噪声进行扰动。

根据数据隐私化处理实施者的不同，差分隐私可分为中心化差分隐私（Centralized Differential Privacy，CDP）和本地化差分隐私（Local Differential Privacy，LDP）两种。

1. 中心化差分隐私

"中心化差分隐私的处理流程为：数据收集者将多源客户端原始数据汇集到第三方数据中心，并由数据中心进行满足差分隐私的数据扰动，对外发布扰动数据后即可用于统计数据查询。"①

2. 本地化差分隐私

本地化差分隐私是针对第三方数据收集者的隐私处理操作的非可信性提出的，首先由客户端的用户在本地进行满足差分隐私的数据扰动，其次将扰动数据发送给收集者，最后汇集在第三方数据中心。

三、图书馆大数据安全风险规避与隐私管理

（一）图书馆大数据安全风险规避

1. 图书馆数据安全现状及风险分析

图书馆承担着保障公民阅读权利、交流知识信息、传承社会文化的职责使命，其馆藏数据和读者数据是开展各项服务的"核心"。图书馆作为此类数据的实际控制者，基于法律、规则保障馆藏数据与读者数据的安全是其不可回避的责任。智慧服务环境下，技术革新在扩大图书馆数据范围的同时，也增加了安全隐

---

① 王道平，沐嘉慧. 大数据管理与应用系列教材：数据科学与大数据技术导论 [M]. 北京：机械工业出版社，2021：227.

患风险。数量上的爆发式增长、形态上的多样化变异，均对图书馆数据存储、网络环境、隐私信息等带来潜在安全威胁。

（1）图书馆数据安全现状。图书馆智慧服务中产生的数据主要包括直接获取数据（读者注册信息等）和自动采集数据（借阅信息、检索信息、轨迹信息、人像信息、读者活动信息、网络访问信息、安检信息等）。在智慧服务过程中，图书馆需要基于上述两类数据感知、捕获、挖掘、分析读者行为信息，从而掌握读者需求、行为规律，为服务策略提供参考依据，提升服务的精准度、个性化及智能化。囿于安全意识、管理经验、硬件条件等因素，现阶段图书馆数据安全问题表现在以下三个方面。

第一，安全制度建设碎片化。合规是图书馆智慧服务过程中数据处理行为免于被处罚制约的前提。"规"是指国家法律、行业规范、行为规则及规章制度，具有强制规制力和约束力。目前，《中华人民共和国网络安全法》《中华人民共和国民法典》《中华人民共和国数据安全法》等法律法规是我国图书馆保障数据安全的主要依据，缺少明确针对性。已有的《中华人民共和国公共图书馆法》不足以针对图书馆数据安全的现实问题进行保障应对。仅有少数图书馆在其公开的规章制度中涉及数据应用及安全保护，但内容缺漏不能有效约束数据利用行为。未从行业层面设计规划数据安全保护方面的规范制度、技术标准、治理方式、数据分类分级规则、安全等级等内容均未统一互通。馆员数据安全意识、专项技能缺失，数据安全管理操作不规范现象普遍存在。

第二，数据流通管理无字化。图书馆在提供智慧服务时，不可避免地会涉及读者隐私信息的搜集和整理，这一过程必须严格遵循读者授权的原则，以确保其权益不受侵害。然而，在实际操作中，由于缺乏明确的规范意识和完善的制度指导，图书馆往往未能充分告知读者相关信息的收集和处理情况，从而未能充分保障读者的知情权和数据选择权等合法权益。此外，随着数据风险的日益多样化，图书馆传统的数据管理方式已经难以应对当前复杂的数据环境，导致数据管理水平低下，数据安全权责不明确，监督反馈机制不及时。这些问题不仅增加了数据安全风险，还可能对读者的个人隐私造成威胁。另外，由于技术水平的限制，图书馆在提供某些智慧服务时，不得不将部分服务委托给第三方进行维护和管理，这种做法在一定程度上也增加了数据泄露等风险。

第三，保障技术缺陷固有化。"技术支撑是降低安全风险的关键。智慧服务的技术应用不仅可以用作提升图书馆用户黏度，同样可以用于保障数据安全，规避风险。然而，图书馆现阶段基于防御为主的安全管理系统，疲于应对复杂、多样、变化的读者需求及服务场景，偏重于数据获取、保存、使用等方面的技术，无暇升级安全保护技术、变更数据安全保障模式，使得数据安全技术与当前数据应用发展适应度不匹配，数据安全保障范围缩减、有效性缩减，读者数据泄露可能性增加。"①

（2）图书馆数据安全风险分析。"风险防范较智慧应用推广更为重要"是已有的图书馆数据安全案例带来的实践启示。图书馆数据安全风险贯穿于数据采集、存储、聚类分析、共享更新等数据活动全过程，主要表现在以下三个方面。

一是读者隐私安全风险。大数据时代，个人面对的空前的隐私威胁来自物联网计算的交互式运算环境。这是信息技术自身所有的漏洞与缺陷带来的不可避免的问题。读者数据中与读者主体自身特征相关的信息数据构成了读者隐私。图书馆为读者提供智慧服务的过程，一方面收集读者个人信息；另一方面利用大数据技术抓取读者行为轨迹、阅读内容、个人偏好等活动信息，以期利用数据分析挖掘信息、跟踪预测，为读者提供个性化服务。

这些内容势必涉及读者个人隐私，存在读者不愿提供、分享数据的可能性。加之图书馆并未对相关数据的所属权和使用权进行明确界定。随着数据挖掘深度的加大、读者社会活动频率的增加，其个人私密信息被采集分析的可能性就越大，被他人肆意获取、泄露、利用、扩散的风险增加，对读者隐私安全构成威胁。

二是数据存储安全风险。图书馆数字化发展已历经多年，大多数图书馆累积了大量的馆藏书目、自建数据库、读者借阅信息等业务数据资源。海量的数据需要稳定安全的存储环境，包括数据存储设备、物理环境和存储方式。数据存储设备主要指计算机的软、硬件。数据种类多样化、复杂化要求匹配类型多样、配置较高、兼容性好的存储设备以保证数据完整安全、系统运行稳定。但现实来看，

① 李任斯茹. 智慧服务背景下图书馆数据安全风险规避策略研究［J］. 内蒙古科技与经济，2022（14）：145-147.

大部分图书馆现有软硬件系统功能低下，安全系数不高，且存在固有漏洞，防御能力较差。

物理环境，其核心组成部分包括机房空调、服务器等关键配套设施，对于确保数据存储的安全性起着至关重要的作用。这些设施必须能够抵御外部物质环境的干扰，有效防止客观因素对数据安全的直接威胁。然而，随着技术的飞速发展和存储空间的日益紧张，越来越多的图书馆开始转向"云"存储方式。虽然云存储在节省存储空间、降低存储成本方面具有显著优势，但也带来了新的数据安全挑战。云平台的使用增加了图书馆数据资源被非法窃取的风险，数据盗用的概率随之上升。此外，一些不良的服务运营商可能出于利益驱动，倒卖图书馆数据，进一步加大了数据泄露的可能性。更为关键的是，服务运营商的安全访问控制机制是否有效，也直接关系到图书馆数据的安全。

三是网络系统运行安全风险。图书馆智慧服务是基于网络、利用新兴技术构建的为读者量身定制的高价值服务。随着网络技术的发展，病毒入侵与黑客攻击直接破坏网络系统运行，逐渐成为影响图书馆数据安全的风险因素之一。二者会直接造成数据损坏、丢失等安全问题。病毒针对计算机软硬件固有漏洞进行攻击，在特定条件下，利用其潜伏性激活感染内部程序，致使图书馆网络瘫痪进而破坏数据。黑客直接瞄准图书馆数据，恶意窃取或破坏。图书馆读者信息、特色馆藏、业务系统均是黑客攻击盗取的备选内容。此外，图书馆智慧服务采用了大量的网络应用，外部信息接入点及访问权限增加，网络系统运行安全风险同步增加。

2. 图书馆数据安全风险规避策略

图书馆数据安全是开展智慧服务必须考虑的要素。《中华人民共和国数据安全法》明确定义数据安全，是指通过必要措施，确保数据处于有效保护和合法利用的状态，以及具备保障持续安全状态的能力。可见，图书馆数据安全不仅要让数据在有效保护下被合法利用，还要保证安全状态的持续性。可以尝试从以下四个方面规避风险，确保数据安全。

（1）细化行业规范，完善保障法规。出台法律不仅是为了追求"法治"，更是为了实现"法治"。依"良法"方能保"善治"。与实践发展速度不相匹配的法律法规必然会成为图书馆推进智慧服务的绊脚石。图书馆数据安全风险规避亟须以现有法律为母法，在已有法律的规范指引下，针对图书馆工作的特殊性，出台相应全面细化的规章。以制定保护图书馆数据安全的行业规范为出发点，强化行业自律，形成更加直接、具体的原则性规定，推动图书馆行业、政府、图书馆自身等多个责任主体共同参与数据安全风险防范工作。界分数据侵权行为确定数据产权归属，规范读者隐私保护措施，形成以国家法律为统领，行业政策、标准规范、操作指引等规章为支撑，各图书馆数据安全制度为配套的法规制度体系，能够帮助图书馆在法律规章的有效保护下，立足数据，放开手脚，创新发展。

（2）确立服务原则，均衡利益关系。图书馆智慧服务有效连接了图书馆与读者、读者与读者以及读者与图书馆数据之间的关系，构建了一个涵盖图书馆、读者、数据和服务运营商的复杂关系网。在这个网络中，维护各方利益的平衡是确保关系网稳定的核心。而实现这一平衡的基础，则须坚守以保护读者隐私为首要服务原则。任何侵犯读者隐私权的行为，都将严重破坏这一利益平衡，从而引发一系列安全问题。因此，图书馆作为数据的控制者，以及服务运营商作为数据的实际处理者，都须将读者的隐私保护置于首要位置。两者应共同强化隐私保护意识，积极承担保护责任，并全面参与到隐私保护工作中来。在数据活动的各个环节中，各主体都应严格遵守隐私保护条款，确保数据的合理合规处置。同时，应充分履行告知义务，保障读者的知情权，遵循合法原则，尊重读者对数据的选择权，并为读者提供清晰的数据使用监管路径。

（3）齐抓内外监管，实现管理透明。图书馆用户信息处理行为受文化管理部门监管。网络数据安全由国家网信部门负责协调管理，数智时代，图书馆数据规模膨胀速度极快，数据聚合等带来的安全风险挑战增加，仅靠单一部门无法实现专业监管。相关政府部门应该基于数据分级分类，对数据私密敏感程度进行评估细分、重点监管，在统筹配合、降低难度的同时，提高效率完成海量数据的监督管理。除了依靠相关部门的行政监管之外，还要充分发挥图书馆自身监管主体责任，合法履行其监督责任。立足管理制度创新，建立专人专职专业化监管队伍，对内及时处理相关问题，对外审核第三方工作，做好图书馆数据安全保障工作。抓好内外两个监管力量，实现图书馆数据活动各环节及管理利用透明化。

（4）构建保障体系，达成价值认同。要保证图书馆数据在整个生命周期的安全，必须从技术、环境、人才三要素入手，构建系统的保障体系防范风险因素，推动图书馆与读者在数据利用、数据价值上达成共识。①大数据技术等为图书馆智慧服务的实现提供了可能。多元技术交互融合能够形成技术合力，为安全风险规避提供支持，降低风险发生时的损害程度。②政策环境、图书馆软硬件环境等与图书馆数据安全紧密相关，相互影响。及时识别、研判、分析环境因素对图书馆数据安全的影响力，利用技术优化改善环境，提高安全保障力是图书馆及相关部门的数据安全保障任务之一。③数据管理人才是数据安全保障工作能够持续开展的动力所在。图书馆要利用人才引进、项目培训等多种途径建立自己的数据管理人才队伍，为图书馆数据安全风险规避提供强劲的人才保障，推动多主体从意识到行动均形成数据安全保障的价值认同。

（二）图书馆大数据隐私管理

1. 图书馆大数据隐私类别及其应用带来的风险

数据隐私，一般是指个人或者机构等不愿意被第三方知晓的信息，如个人行为信息、个人偏好信息等。这类信息在大数据技术的快速应用和发展下，与图书馆的业务息息相关，图书馆中的各系统所产生的数据都可以为智慧服务提供决策。但在图书馆的大数据应用中，这些数据的应用及其处理步骤都与用户数据的隐私性、模糊性与可用性等特征存在着一定关联，存在个人身份信息被泄露、个人行为信息被泄露、个人偏好信息被泄露，或是数据被破坏的风险，并随着互联网发展使个人隐私呈现出网络化、数据化趋势。在这种趋势作用下，大数据的多源性导致大数据隐私存在着类别差异，其中人际关系、通信、身份等数据属于核心隐私，环境、内容、活动等数据属于用户使用图书馆各业务产生的。从来源角度进行分类，大数据的隐私可以分为"监视—隐私""发布—隐私""歧视—隐私"三类。从这三类特征来看，图书馆用户个人数据的隐私风险主要存在于以下四个方面。

首先是在安全监视方面。"在图书馆管理中，数据隐私与信息安全虽然各有侧重，但它们的最终目标是一致的，即保障图书馆系统的安全性、稳定性以及用户数据的私密性。信息安全侧重于防范未经授权的访问行为，这包括但不限于非法使用、非法发布、破坏、篡改记录和恶意删除等行为，它关注的是数据的完整性、可用性和机密性。为了实现信息安全，通常会采取访问控制、密码学等方案，以提供全方位的保障。然而，数据隐私则侧重于从数据层面出发，通过加密、匿名化、模糊化及差分隐私等方法来保护用户数据的隐私。这些方法旨在确保用户数据在存储、传输和使用过程中不被非法获取或滥用。"① 值得注意的是，即使信息安全方面采取了严密的防护措施，但如果密码泄露，数据窃取者仍有可能通过合法途径进入系统，进而获取相关数据，导致隐私泄露。

其次是数据共享和发布等传输行为方面。由于图书馆需要感知用户需求才能有针对性地开展服务，那么在图书馆内系统及其图书馆与外部环境之间存在着数据共享和发布机制，需要通过传输控制协议（TCP）数据包层分析用户行为和用户感知，从而在定性和定量两个方面评估用户体验。由此数据在进行共享或发布过程中就会存在着有、无意识行为的数据遗失或者泄露问题，就有可能导致个人隐私存在风险。

再次是在数字化数据源收集方面。图书馆部分系统和数据控制者由于片面追求全面数据，会造成数据被过度收集问题，这与图书馆智慧服务的初衷相悖。例如，图书馆提出利用大数据挖掘技术进行用户画像的个性化服务模型，以发现用户的偏好、兴趣、需求，以及活跃度等全貌信息，从而构建用户画像，实现用户和资源的精准匹配，提供以用户为中心、以需求为导向的个性化服务网。其中全面数据作为画像精准性的重要参数之一，就有可能存在数据的过度收集而导致的隐私风险。

最后是在数据汇聚方面存在滥用行为问题。目前，大数据已经进入人类生活的方方面面，现代生活便利的同时也需要牺牲部分个人隐私，但是个人隐私一旦被滥用，则会代价巨大。图书馆在运用人工智能、区块链、虚拟现实等技术开展的服务中，是以汇聚的数据作为"原料"支持着图书馆智慧服务。与此同时在大数据环境下，由于数据控制者们的权限不同，拥有的数据量存在着差异，会导致数据鸿沟、数据霸权现象的存在，而这种现象一方面会形成数据滥用行为，使大数据存在隐私风险，陷于伦理危机之中；另一方面也容易导致数据透明性降低，

① 陆康，刘慧，任贝贝. 我国图书馆大数据隐私主动式管理研究 [J]. 新世纪图书馆，2022（10）：52.

用户无法知晓自身数据的应用，容易产生歧视心理。图书馆想要彻底摆脱数据霸权、数据鸿沟以及用户的歧视心理，需要从伦理、制度、法规等视角实施隐私保护。

2. 图书馆大数据隐私管理框架及实现目标

数字图书馆的系统安全一直以来备受关注，并随着大数据的发展，其安全、隐私问题将得到进一步规范化制度管理，以保证业务开展的正常化。图书馆大数据隐私主动式管理框架，意在用技术、制度等方法在图书馆领域掀起探索隐私管理的研究热潮，当普通法适用于新的主题，在没有先例可循的情况下，只有基于隐私性正义、合乎道德及公众便利等原则方可为之。

随着社会科学及信息技术的进步，当人们通过数据库搜索所需信息时，数据库系统将更好地去解读有意义的信息数据，使大数据的价值不断被利用。然而对于隐私保护来说，隐私管理需要确定明确的目标。图书馆隐私管理的总体目标是运用图书馆自己的管理理念与方法，如管理文献资源一样管理图书馆大数据的隐私，具体目标包括以下三点。

（1）能为图书馆业务的实施提供技术支持。大数据虽然是图书馆智慧服务开展的基础，但隐私保护是大数据应用的前提。如果隐私问题成为图书馆发展路上的绊脚石，那图书馆智慧服务将成为一纸空谈。图书馆应该正确处理、规范数据控制者、处理者在大数据生命周期内的收集、存储、处理、转换与销毁的数据行为，防止隐私泄露，保障数据主体的信息安全。

（2）可为图书馆隐私危机提供方案。互联网各领域虽然已经拥有熟悉使用大数据的案例，但是隐私保护策略方面仍然未找到合适的策略，例如在图书馆服务中，如何挖掘用户文献资源需求而不让隐私泄露，如何在获取用户空间行为偏好时不存在让用户产生"被监视"的心态，如何确保在给用户文献资源推送中不被用户误解成"信息垃圾"等。

（3）为图书馆数据共享与用户隐私提供安全保障，打消图书馆安全与用户隐私顾虑。数据共享确实极大地提升了图书馆各系统数据的价值，但数据隐私的保障是这一过程中不可或缺的首要考量。只有在确保用户隐私得到妥善保护的前提下，数据共享的效能才能得到充分发挥，进而实现图书馆智慧服务的理想状态。

图书馆的数据共享需求早已有之，从传统的文献资源共享，到如今大数据环境下的数据共享，这一变革使得图书馆用户能够更便捷地获取到丰富的文献资源和空间保障服务。然而，随着近年来互联网隐私泄露事件的频发，用户对个人隐私的关注度也在逐渐提高。面对这一挑战，图书馆需要构建完善的隐私管理框架，以确保在推动数据共享的同时，用户的隐私得到充分的保障。

3. 图书馆大数据隐私主动式管理策略

图书馆隐私主动监控主要是在大数据处理时，能够主动监测到可能存在的恶意行为。对这种恶意行为的监控需要建立在法律、伦理与制度的基础上，从两个方面提升主动监控能力：一是在监控应用环境中是否存在外部攻击及是否拥有合法授权，即用户在使用图书馆系统时是否存在着外部恶意攻击的风险，如移动图书馆系统中的链接是否存在着"环境—位置"的记录程序等。二是具有保障整个隐私管理体系发布风险危机通知的能力，类似于杀毒软件的主动防护功能。总之，图书馆的隐私管理需要从不同的风险角度，建立综合性的隐私管理模式，并积极拓展隐私管理技术、制度方面的研究。

（1）图书馆应围绕业务需求提供主动隐私管理技术保障。随着互联网的发展，技术创新已经成为社会服务创新的重要支撑，隐私技术也随着技术创新应运而生。无论是位置服务（LBS）的隐私技术——扭曲法的隐私保护，还是针对大数据隐私的完全同态加密方案，都应围绕业务对系统进行隐私保护，采取大数据主动式隐私管理框架的技术保障核心内容来开展。

第一，系统支持图书馆中不同方式、内容、类型的检索、查询需求，特别在隐私管理方面，交互式环境的构建，成为图书馆大数据的主要应用方式。交互式查询差分隐私保护是主要的方式。其中包括关联性分析的数据无关性处理模型，并行梯度下降矩阵分解模型差分隐私的自适应加噪模型等。

第二，系统支持图书馆不同方式、内容、类型的数据发布、可视化需求。图书馆中自然产生的无论是数字化数据还是模拟化数据，经过系统转换（数据挖掘）后都可以表示成不同的数据类型，通过一定的方式，发布相关的内容。例如关联数据、人文数据可视化、流媒体视频、原创音乐等。一般认为非交互式的环境有助于行业内部的技术创新。

第三，系统支持图书馆人工智能（机器学习）与大数据挖掘等分析需求。数据分析是支持图书馆智慧服务的核心基础，也是发掘数据价值的具体过程。大规模性与可计算性、多模态性与有效性、增长性与时效性已成为数据价值发掘的重要特征，同时机器学习、支持向量机分类、线性与逻辑回归及top-k频繁模式挖掘也成为图书馆等领域常用的挖掘方法。

（2）图书馆应注重优化传统隐私保护技术。图书馆由于现有应用环境的制约，离不开传统隐私保护技术的支持，其中隐私主动式管理方案也是如此。传统的隐私保护技术，一般围绕限制发布、数据加密、数据失真等方面进行相关应用开发，其中限制发布技术是有选择地发布原始数据或者发布精度较低的敏感数据，从而实现隐私保护，主要表现为"数据匿名化"。而数据加密技术也是常用的隐私保护方法，加密方法使用较多的为同态加密技术与安全多方计算等。这些方法与技术都较多被运用到数据安全保护与隐私管理中。

目前，"用户画像"被图书馆广泛用以开展智慧服务实践，其中需要日志分析等操作来完成对用户的"画像"。所谓日志，就是按照一定的规则将操作系统、应用程序、网络设备中发生的事件记录下来，用以对系统管理、网络安全策略实施状况以及其他安全防御系统的评估。近年来，有关用户的日志数据分析，用来监测用户行为，感知用户所需。然而"画像"精度的提升需要大量的数据。从日志产生的来源角度分类，日志主要分为三大类：操作系统日志、网络设备日志、应用服务日志。

长期以来，图书馆在监测电子资源使用行为以及客观评估其效率方面面临着挑战。为了解决这一问题，一些图书馆实践者采用了创新的方法，如利用应用服务日志和网络设备日志等手段，收集电子资源的访问数据。这些数据通过系统汇聚和分析的方式，被整合至一个统一的平台，以便从访问、浏览、下载与检索等多个维度进行综合评估。在这一过程中，匿名化技术发挥了关键作用。具体而言，通过将用户信息以源IP的形式进行标注，图书馆决策者可以在不侵犯用户隐私的前提下，详细了解用户如何使用电子资源。

（3）图书馆应建立隐患事故溯源机制。随着图书馆中关联数据、众包及自媒体等新型信息环境的出现，数据来源及数据流动性的真实、可靠越来越重要。为了保障数据安全和隐私保护，图书馆可通过溯源机制排查隐私风险，对违规操作人员起到追究责任的作用。溯源也称起源，意思是有关历史对象的所有权保管、位置的编年史。溯源机制的初衷并非为了惩戒，而是通过数据溯源技术等对隐患事故起到预警作用。溯源机制是由社会科学、计算机与互联网技术以及法律法规组合而成的对图书馆大数据主动式隐私管理框架进行监督作用的制度体系，其中包括操作是否存在着能力不足，数据标识是否违反隐私策略，以及是否有对应的惩戒措施等内容。当然溯源机制也需要隐私审查等方法的支持。图书馆隐患事故溯源机制是隐私管理技术机制与法律制度之间的桥梁，也属于隐私管理技术体系的补充。

（4）图书馆应开展隐私影响主动评估工作。隐私影响评估，作为政府保护公民隐私的得力工具，采用阈值技术来精确评估隐私风险，这一方法在西方发达国家的隐私管理实践中已有二十多年的应用与发展。这一评估方法是基于社会公众日益增长的隐私保护诉求以及政府加强隐私管理的实际需要而生的。隐私影响主动评估，作为隐私风险主动监控之后形成的管理体系，不仅为图书馆在大数据应用方面提供了基础性服务，还成为支持大数据挖掘工作的重要方法。

隐私影响主动评估也有两个方面的意义：第一，对图书馆隐私影响风险大小提前预判，将风险危机扼杀在萌芽状态；第二，具有上传下达的隐私管理技术的选择能力。通过疑难问题解答与隐私评价进行实时性风险评估，从而选择合适的隐私保护方案或者技术。例如，图书馆进行数据挖掘时，当出现新的与用户本人相关的信息——运动轨迹、浏览轨迹等，如果不涉及具体的用户则对结果做模糊化处理，以供图书馆进行数据决策，开展相应的空间服务、文献资源推送等。

隐私影响主动评估也需要一定的技术方法支持，除了上述 PIA 工具外，EBIOS 也是常用的评估方法，是一种具有预测性、严重程度大小的衡量隐私影响的方案。隐私影响评估应该避免与原始数据的直接接触，运用安全多方计算。图书馆业务在差异性方面进行隐私影响的等级评估时，需建立量化的隐私风险影响机制，以起到隐私预警的作用。

第五节　基于大数据环境下的图书馆决策支持系统构建

一、研究背景

（一）图书馆信息化建设取得显著成果，但图书馆数据资源缺乏有效整合

近年来，随着社会的发展和技术的进步，政府加大了信息化建设的投入和支持力度，图书馆信息化建设也随之取得了显著成果。数字图书馆、移动图书馆、智慧图书馆的建设不断推进，图书馆网络环境不断优化，图书馆的管理信息系统日益完善，基础设施和数据库建设不断健全。同时，图书馆信息化建设的快速发展使得图书馆的各种业务数据、用户数据、用户行为数据等大量增加，数据的大量涌现也使得图书馆决策者对数据资源越来越重视。目前，我国图书馆在信息管理系统方面不断加大投入，除了图书馆集成系统外，还有电子资源管理系统、各种知识发展平台和服务平台资产管理系统、人事管理系统、财务管理系统及多种类型的智能设备等。不同信息管理系统涵盖了图书馆工作的方方面面，在图书馆的资源、用户、馆员、资金、设备、环境、安全等方面产生了大量数据资源，但是由于管理机制及技术的限制，不同信息系统之间缺乏有效连接和整合，"信息孤岛"问题突出。因此，为提高数据资源的综合利用效率，消弭信息孤岛，当前亟须将不同系统的数据资源进行有机整合。

（二）大数据技术的应用不断深入，但图书馆决策能力依然不足

随着科学技术的发展进步，大数据的战略地位正在不断提升，从大数据中挖掘价值、创造价值、提升组织综合竞争力，已成为现代组织治理的重要趋势和方向。近年来，包括欧美发达国家在内的多数国家纷纷制定了大数据发展战略，我国各省市也在国家大数据战略的框架下出台了一系列大数据发展计划和行动方案。作为一种先进的信息技术，大数据为图书馆的变革发展提供了强大的驱动力，为提升图书馆决策的科学化和专业化提供了新的方法和思路。目前，图书馆

界正在积极探索如何利用大数据技术提升治理水平。虽然大数据技术在图书馆界已有成功的应用，但是数据的收集与整合运用依然是阻碍图书馆进行科学决策的主要因素。其实，业界早已认识到可以运用大数据来推动图书馆决策的科学性，图书馆在决策过程中，往往会使用到不同的数据和信息，但是这些数据或信息更多地来源于决策者的主观判断和分析，并不能准确、客观和全面地反映事实，这使得决策结果无法令人信服。因此，为了有效提高图书馆决策水平，当前亟待提升数据驱动图书馆决策的能力，建立并完善图书馆决策的信息化支撑系统。

二、图书馆决策支持系统的设计

（一）设计理念

在设计图书馆决策支持系统过程中，要以面向问题的决策为导向、以数据资源的共享和整合为基础，在图书馆各类信息系统的数据库中选择适当的数据资源进行整合（包括图书馆馆员和用户数据、资产数据、设备数据、经费数据、馆藏资源和服务等各类数据），建立表达图书馆自身需求、体现图书馆自身特征的大数据决策支持系统。

1. 明确数据类型，完善数据种类

由于图书馆决策所需的数据资源类型多样且数量庞大，因此，要建立面向未来问题解决的大数据决策支持系统，首先要确定其所需的数据类型。基于数据关系的分类标准，可以将大数据分为三种类型：结构化数据、非结构化数据和半结构化数据。结构化数据指可以直接使用的统计数据，包括通过问卷调查所收集的客观题数据等。非结构化数据主要指通过面谈、调研、考察等途径获取的文本、语音、图像和视频等数据。半结构化数据则介于结构化数据和非结构化数据之间，主要指通过图书馆的信息系统采集或网络爬虫抓取的数据，如通过网络获取的用户需求数据等。

"另外，还可以根据数据的不同来源对其进行分类分层，而后再导入和汇总。首先，将图书馆已有的统计数据作为决策支持系统的基础数据；其次，融入与图书馆决策相关的统计数据，如国内外图书馆行业数据及区域国民经济发展统计数据等，将图书馆统计指标与上述统计数据指标进行关联和对比；再次，将图书馆业务数据按需导入决策支持系统，并与其他数据进行对比分析，为决策者在分析和解决具体问题时提供参考；最后，以问题为导向引入非结构化数据，基于图书馆决策需求确定非结构化数据与结构化数据之间的关系。"①

2. 开发数据应用，提升数据素养

从现实情况来看，互联网公司如谷歌、亚马逊、百度、腾讯、京东和阿里巴巴等在大数据应用方面做得较为成功。这些企业在开展业务过程中形成海量数据资源，大数据应用技术也较为成熟，而且企业本身对数据的需求较大，因而在内部决策、业务创新、风险管理、客户服务等方面均有深入的应用。同互联网公司相比，图书馆的信息化建设虽也取得了一定进步，建立了自己的信息管理系统和数据库系统，但是在数据的开发利用方面仍存在很大不足，主要表现在以下几个方面：一是数据资源开发利用能力较弱，专业性、深层次的数据挖掘和应用极度缺乏；二是综合利用不同类型数据资源的能力较弱，不同业务系统独立运行，缺乏深度的共享和协同；三是数据标准不统一，图书馆信息化标准侧重于资源建设和服务，而有关图书馆管理和决策方面的数据标准还极为少见，致使图书馆不同系统的数据标准各异，从而制约了数据资源的充分利用。

目前，大数据应用于图书馆决策和管理的模式还处于摸索阶段或建设的初级阶段，国内外尚无典型的成功应用或可以直接推广的模式加以借鉴。因此，著者认为基于大数据的图书馆决策支持系统在建设之初，首先应该建立指标数据分析体系，接着逐步拓展数据信息范围，再进一步拓展和细化指标，最后要不断增强决策支持系统的可用性和易用性。在决策支持系统建设过程中，要跟踪国家、行业发展动态和相关标准，收集相关信息和指标并将其及时融入系统当中，加强系统的日常管理和维护，以不断提高决策者的数据素养。

3. 加强系统运维，兼顾多样技术

图书馆决策支持系统的开发建设运营维护是一个长期的持续性过程，因此，系统前端设计要坚持实用、好用的原则，后台系统要具备良好的持续发展能力。图书馆决策支持系统所具备的特殊功能和作用，要求其必须有良好的自我发展能

---

① 陈鸿. 大数据环境下图书馆决策支持系统的设计与实施 [J]. 图书馆工作与研究，2019（1）：75.

力，前期的决策结果为后期系统的发展、优化和升级提供依据和决策基础，系统在持续的运营过程中不断进行自我丰富和完善。

由于信息技术的飞速发展，在选择系统技术方案时要重点考虑以下三点：第一，慎重选择数据系统。要综合考虑数据收集、存储、分析和挖掘等多个阶段的要求，所选用的数据系统的技术要稳定、开放和可拓展。第二，可实现的决策模型库。一般情况下，决策研究成果所转化的决策模型决定了决策支持系统运行的效果。决策研究成果包括政策分析和比较研究、政策的制定和实施、政策目标的预测、资源的配置和优化等，这些研究成果可以转化为系统可以实现的决策模型，如预测模型、统计分析模型、资源优化模型等。第三，新技术的充分运用。新技术对图书馆决策支持系统的建设和应用具有不可忽视的影响，如大数据的计算技术、决策成果的可视化呈现等。系统运行所需的各种硬件设备和移动终端、AI/AR/VR 等技术，都可以在决策支持系统中得到应用。

（二）设计目标

为了促进图书馆的管理和服务，整合图书馆大数据，并将图书馆的数据资源及时高效地提供给决策者和管理者进行分析、研究、评估和预测，需要建立图书馆大数据综合服务平台。"大数据""决策支持""服务"是构建科学决策支持系统的三个核心要素。另外，决策支持系统不仅需要数据的呈现，更要利用计算机模拟技术挖掘海量数据背后的价值与意义，为决策主体提供更为准确可靠的参考服务。因此，图书馆决策支持系统要采用先进技术手段整合多类型、多来源的数据，运用科学合理的分析技术和方法，对数据资源进行深入挖掘，为管理层决策提供有效支持。

总体来说，可以从以下三个阶段分步骤推进决策支持系统的建设：第一步，图书馆决策支持系统的设计和开发。系统要围绕大数据进行开发，能充分支持大数据技术的分析和呈现等功能，并能为图书馆用户提供更加开放的数据服务。第二步，运用决策模型进一步完善图书馆决策支持系统。确定图书馆决策支持系统所需的指标体系，并基于现有的决策模型进行数据分析，进一步提高决策支持系统帮助图书馆解决现实问题的能力。第三步，基于图书馆面临的实际问题，采用多种决策分析模型提高图书馆决策的科学性和专业性。

（三）建设过程及要点

大数据技术支撑的图书馆决策支持系统是一项系统工程，包含诸多要素和内容，著者认为其中最重要的三个部分是数据平台的建设、决策模型库的建设以及服务的多元化呈现。

1. 以数据为中心，促进平台建设

图书馆决策支持系统的核心资源是数据，因此，数据平台建设的重中之重就是数据知识库的建设。底层数据平台建设的第一步，就是要收集和整合图书馆已有的数据资源，包括各种统计数据和业务数据等，并建立宏观数据和微观数据间的有效连接。例如，将宏观的国民经济数据、图书馆管理数据、馆藏资源数据、用户与馆员数据、服务数据等进行衔接和融合。第二步，根据国家的相关技术标准、统计标准和图书馆的行业标准，结合大数据技术特点，研究和制定图书馆决策大数据标准体系，包括数据指标口径、数据交互接口、数据分类目录、数据质量、数据开放和共享等标准，有效解决数据资源开放、共享、交换等问题，提高数据资源利用效率。第三步，开发大数据采集和分析工具，充分考虑用户和馆员等利益相关者的需求，确定安全高效、方便管理、易于使用的图书馆大数据管理方案。在采集和整合多源数据的基础上，对大数据分析模型、分布式存储、高效存储和共享、深度学习等大数据技术进行研究，进一步提高大数据资源和技术的综合利用效率。

2. 以应用为导向，搭建决策模型库

图书馆决策支持系统建设的重点是决策模型的设计与应用。由于图书馆进行决策的问题复杂多样，而决策支持系统运用的决策模型也不是固定和唯一的，因此，在开发图书馆大数据分析工具的过程中，首先，要通过对大数据建模、知识体系构建、数据挖掘和处理过程、用户需求和行为分析、机器学习等技术的学习和研究，建立图书馆应用大数据技术的可行性方案。其次，在充分掌握决策工具的基础上，根据决策需要建立相应的知识库和方法库，以大数据技术为基础设计和开发决策支持模型库，增强系统支持图书馆决策、管理和服务的能力。最后，利用可视化技术将决策结果进行呈现，并形成完整规范的数据分析报告，为决策者提供支持。

3. 创新工作机制，提供多元服务

图书馆决策支持系统在运行和服务呈现过程中，需要围绕大数据综合服务平台，展开以公共互联网平台为依托，以用户需求为导向，坚持安全性、便捷性原则，不断挖掘数据资源的价值，不断创新大数据服务机制，采用多种方式和多种途径建立与图书馆、用户和相关机构的连接，有效满足政府和社会公众的需求。

三、应用推进与实施建议

（一）制定阶段性目标，循序渐进推动

图书馆决策支持系统所具有的技术复杂性、需求多样性及环境动态性特征，决定了图书馆决策支持系统的开发、运行和维护是一个持续推进、不断完善的过程。在决策支持系统开发初期，要对系统设计、建设、完善和升级等不同阶段的重点问题进行全盘考虑，以便于更好地掌控系统发展的总体进度，确定图书馆的行动路径。决策支持系统阶段性建设目标能否顺利实现，与基于数据的决策研究、功能完善、技术运用三方面的知识融合和创新密切相关。因此，在图书馆决策支持系统的不同建设和发展阶段，都要建立和完善知识资源集成与多方协同创新的保障机制，为图书馆决策支持系统的运行奠定坚实基础。

（二）以实用性为导向，落实保障机制

以实用性为导向，完善制度建设和硬件设施配置是保障图书馆决策支持系统正常运行的关键。首先，在制度建设方面，不仅要从宏观上考虑与决策支持系统相关的制度建设，更要从微观上考虑系统运行的程序和细则，推动决策支持系统的有效实施。其次，在硬件保障方面，需要进一步完善硬件环境，提升保障能力。由于决策支持系统是基于数据和信息资源进行管理和决策，因此，在设计和研发决策支持系统过程中要充分考虑系统的互动性和易用性，同时还要支撑复杂技术系统运行的效率和安全性，这就对系统运行的硬件环境和保障能力提出了更高要求。最后，在决策支持系统的使用方面要给予高度关注，要考虑到不同部门、不同用户、不同决策者、不同环境对决策支持系统硬件配置的功能需求，提升用户体验和系统实用性。

（三）基于战略高度，全面部署后台保障体系

要实现图书馆决策支持系统的设计理念和建设目标，必须立足长远，基于战略高度，全面部署决策支持系统的后台保障体系。首先，立足本馆需求，联合政府机构、高校、科研机构等社会力量，对建设图书馆决策支持系统所需的信息数据资源、专业人才队伍、政策决策研究等进行全面规划部署，分阶段建设和完善图书馆决策支持系统的后台保障体系。其次，图书馆要利用现有人才和设施设备，建立决策支持系统的数据分析团队，提高数据服务的快速响应能力和服务质量。最后，要积极探索建立可持续的决策咨询研究体系，因为这对图书馆决策支持系统的长效运行和发展具有重要影响，而后台保障体系的建设直接关系到系统运行的效率和质量。因此，图书馆要基于现实需求，建立快速反应的决策机制，在组织、人员、实施等方面加强保障和支持，确保图书馆决策能够高效、专业、科学地进行。

第四章 大数据环境下图书馆信息资源管理

第一节 大数据环境下图书馆信息资源的融合

一、大数据环境下图书馆信息资源融合的现实问题

(一) 大数据对图书馆发展的影响

大数据背景下，图书馆资源可无限扩展，除了其本身具有的海量数字资源，还有全文本、影像、声音、超媒体以及其他非结构化的复杂信息。海量的信息数据的增长和资源结构的改变，使用户的需求也发生了变化。不同用户在文化、年龄、素养、专业等方面存在显著差异，单纯的数字化资源获取与网络化资源存取已无法满足大多数用户。图书馆大数据资源的扩展、用户需求的变化和图书馆服务要求的提升，都对馆员素质、图书馆管理、业务流程和服务水平提出了巨大挑战。

(二) 融合面对的现实问题

图书馆在信息资源融合过程中，面临多重挑战。

在理论层面，尽管国外在此领域的研究较早且理论相对完善，但国内的相关研究尚显不足，缺乏系统性和全面性的成果。这种理论上的缺失，无疑限制了信息资源整合的实践进展。

从文化和主体角度来看，目前的研究主体主要集中在高校图书馆和公共图书馆，参与机构较为有限。资源整合的范围也主要局限于图书情报领域，博物馆、艺术馆等其他文化机构在此方面的探索尚显薄弱。要实现信息资源的深度融合，

必须打破不同管理体系和管理方式的壁垒，这需要上层管理方的大力支持和引导。同时，建立统一的协调机构，制定统一的数据处理标准，对于解决馆藏差异问题至关重要。

技术和标准方面，当前对于信息资源整合的标准研究相对匮乏。由于技术差异显著，各区域图书馆在信息资源整合过程中面临诸多非标准化因素。在大数据背景下，图书馆信息服务急需一系列关键技术，如异地交互技术、决策支持系统本体技术、异地资源融合和智能规范处理技术等。

法律因素同样不容忽视。目前，图书馆信息资源融合缺乏完善的管理制度和统一标准，参与各方的权益尚未明确界定。融合过程中，对版权的保护力度不足，一旦遇到数据安全问题，难以追究责任，这使得图书馆在数据融合时态度谨慎。因此，建立健全的法律制度和标准体系，对于促进图书馆信息资源融合至关重要。

二、大数据环境下图书馆信息资源的融合策略与路径

（一）融合策略

1. 科学合理规划资源整合

信息资源的整合应做到科学统筹、合理规划，以用户需求为导向，结合图书馆的实际情况制定建设目标。建设方案应遵循资源整合的原则，标准规范、切实可行，避免重复建设和资源浪费。在资源建设方面应重点整合特色资源，优先建设特色数据库。在系统建设方面，应以满足用户需求，提高用户使用资源效率为目标，扎实推进信息资源整合工作，全面提升图书馆的信息服务水平。

2. 建立统一的数据标准，采用先进的科学技术

要整合分布在不同数据库及信息系统中的数据，实现资源的共享，就须建立一套标准化的规范体系和统一的数据标准。采用科学标准的体系进行资源整合，才能保证信息在各系统和数据库之间准确调用、实现共享。同时，还应搭建起信息资源整合的交流平台，加强技术队伍建设，探索更先进的技术手段，从而更好地实现信息资源的有效融合。

3. 建立开放式的整合机制

高效准确的信息检索系统，依赖于开放式的资源共享模式。建立开放式的信息资源整合机制，包括数据库的开放、数据接口的开放、规范服务接口、制定系统的开放描述等。只有开放的整合机制与科学的管理机制相结合，才能实现信息资源融合系统的有效管理。

4. 提高数字资源链接的稳定性

数据库资源的更新与整合容易导致用户检索到的资源链接地址失效，而采用动态虚拟资源链接技术，可在现有数据库的基础上，将相关的信息资源根据制定的规则标准重新整合，形成有序的信息链和资源集合，有效提升信息资源链接的可靠性和稳定性。

大数据背景下，图书馆数字资源的融合必须以最新、最先进的数据处理技术为基础，通过数据采集、数据挖掘、数据存储、云计算、可视化技术、知识发现等技术共同完成数据资源的融合，为资源融合平台的构建提供充分的数据支持，从而实现良好的数据共享。

（二）融合路径

1. 构建图书馆信息数字资源融合平台

图书馆信息数字资源融合平台致力于集成各类图书馆大数据，将高校、档案馆、博物馆、美术馆及展览馆等多领域资源汇聚一堂，促进大数据资源的共同建设与分享。依托"数字人文"理念，运用先进技术手段深度处理、分析既有信息数字资源，重塑其价值体系，提升资源使用效率。此举不仅优化了图书馆的管理体系，改进了业务流程，更创新了服务模式，最终为用户带来更加卓越的使用体验。

在构建融合平台时，坚持以技术为支撑、以大数据全过程管理为核心、以信息资源应用为主导的原则，同时注重安全性和经济性。平台的核心功能涵盖资源融合、数据管理、数据应用三大方面，分别对应数据获取、数据存储、数据处理、数据应用等标准化操作。通过这些步骤，确保图书馆的所有信息数字资源通过融合平台实现无缝连接，形成一套严谨的标准化管理体系和安全运行机制，实现大数据资源的深度融合与高效应用。

在数据获取和存储阶段，平台实现资源的全面融合；在数据处理阶段，实现管理的深度融合；在数据应用阶段，实现服务的创新融合。通过这一系列的融合过程，致力于打造一个高效、安全、便捷的图书馆信息数字资源融合平台，为用户提供更加优质、多元化的服务。

2. 图书馆信息资源融合具体步骤

（1）图书馆信息资源的获取。在数据获取环节，图书馆通常以阅读终端技术、视频技术、爬虫、RFID、AI 技术等方式，广泛收集并整理各类来自社会各个领域、行业的馆藏书目数据、业务工作（采编、借阅、咨询）数据、社交网络（自媒体、抖音、微博）数据、用户个人数据，等等。例如，百度、搜狗等大型互联网信息服务机构借用数据库供应商资源共享，运用 OAIPMH（元数据获取协议）的元数据收割技术，以强大搜索引擎技术为辅助，利用 Python 技术对拟采集数据进行检索、收集、处理、解析等。对于收集到的数据，利用 ETL 工具完成整个图书馆大数据的跟踪、采集、加工、描述、分类等预处理工作，以提高数据的可用性、可存储性、可靠性和准确性。数据获取为数据后续存储、分析和处理提供有效的数据资源，为融合平台有效运转奠定良好基础。

（2）图书馆信息资源的存储。在获取所需信息资源后，需要对资源进行存储。信息资源存储是信息分析处理的前提和基础，存储管理水平将直接影响资源质量和后续的处理效率。一个好的图书馆大数据存储平台应满足以下条件：一是存储容量足够大，且可扩展性强，能存储至少 FB 级别的海量数据；二是具备强劲的处理运算能力，能实时处理数据；三是能处理多样化的数据；四是有适应融合技术的集中数据平台（Hadoop 架构）。既能在同一系统内实现存、取、归档等功能，并开放数据接口，连接数据分析应用软件。

（3）图书馆信息资源的处理。信息资源的处理技术是图书馆信息资源管理的关键环节。此环节以满足用户特定需求和业务开展需要为导向，采用特殊算法进行基础分析、多维分析、关联分析和数据挖掘等操作。

（4）图书馆信息资源的应用。"应用是大数据技术的根本落脚点。基于数据处理结果，针对不同群体大数据需求提供针对性的服务内容和形式，提升客户决策质量，精准高效地满足数字服务需求。关联分析能将特定领域内所有相关的要素数据完全关联并进行关联分析，为决策者提供决策支持。比如在开展汽车行业竞争情况分析时，就要对竞争个体、竞争产品、营销方案、营利模式等不同企业、不同时段的多维数据进行关联分析，从而为行业进入者和退出者制定竞争策略提供信息支撑。数据可视化服务的形式是数据分析结果的展示，图书馆可利用可视化工具进行学科服务。"[①]

第二节　图书馆数字资源管理平台与体系构建

一、图书馆数字资源管理平台建设

（一）数字资源的特点

1. 数据量庞大，传播率高

随着数字时代和网络技术的快速发展，数字资源的获取、整理与传播相较于传统图书馆等资源，展现出明显的便捷性优势。传统图书馆依赖于人力资源，包括人员管理、馆藏内容整理以及学术研究和管理方法探讨等，它是人类文明发展的重要支柱，对提升文化修养和人文精神具有巨大贡献，也是人们获取知识和交流的重要场所。

相比之下，数字资源以其易于复制和传播的特性，结合完善的检索系统，显著减少了读者的检索时间，并有效避免了借阅过程中传统书籍可能遭受的损坏和字迹磨损等问题。此外，在资源共享方面，数字资源展现出高实时性，能够通过局域网或广域网迅速传播，为知识的广泛传播和交流提供了更为高效的途径。

2. 便捷性

传统图书馆中，读者借阅过程一般是先到服务台或者查询大厅检索自己所要借阅的图书名称、分区及书号等信息，记录上述信息之后还需要到相应的分区找

---

① 邓坚. 浅析大数据背景下图书馆信息资源融合的模式与路径 [J]. 图书馆界，2023（3）：38.

到相应书籍，再到服务台办理借阅手续进行登记，使用完毕后还需要办理归还手续，流程比较烦琐。而采用数字图书馆的形式，读者就可以在家、在公司通过电脑访问数据库，通过检索关键词的方法获取大量信息，方便浏览和查阅，省去了烦琐的检索、借阅流程，同时可以节省大量时间，能够更好地适应快节奏的生活工作方式。

3. 多人共享性

传统图书馆由于空间的限制，对同一书目的收藏量一般较少，尤其是专业性、针对性较强的书目。这种书目一旦被某些读者全部借阅，其余读者就要等待较长时间。而数字资源突破了这一限制，读者的阅览是以数字形式进行的，对于同一资源，服务器以数字形式可以同时借给多位读者阅览，大大提高了资源利用率，节省了时间成本，同时也能节省图书馆的空间。

（二）数字图书馆建设方法

1. 注意打造图书馆特色

大多数图书馆都有相同性，因而在各自的建设中要打造自身的特色，才能通过自身特色吸引更多的读者，提高自身竞争力。同时，图书馆也可以结合馆藏情况以及读者需求，依据历史事件或者地方特色文化等建立专题库，以提升自身的影响力。

2. 注意获得资源版权

在建设数字图书馆的时候，要特别重视版权问题。在图书馆的建设与运营过程中，版权是不可忽视的问题，这需要馆方在建设的时候注意细节，对于上架馆藏，要尽可能多地获得相关授权，同时，必须遵循相关法律条文并根据自身实际条件，获得政府相关部门的支持。在线下，也可以与一些出版社合作，获得相关版权。

3. 整合高质量数字资源及网站

数字图书馆凭借其丰富的数字资源，能够有效吸引读者并建立虚拟读者社区，进而实现自我宣传，形成良性互动循环。为了优化读者体验，图书馆需精心打造高质量的网站。在网站设计上，既要确保访问速度，又要注重页面布局的合理性，简化栏目设置。在馆藏内容的构建上，应突出资源的交互性和创新性，提供便捷的检索功能。此外，网站首页应设置完善的学习系统，包括网站介绍、使用指南、资源导航及在线咨询等，以方便读者获取知识和解决问题。同时，图书馆还应积极整合开放性资源和共享性资源，扩大自身影响力，提升服务空间。

4. 培养馆员的知识管理能力以及知识服务能力

现阶段，要想建设并完善数字图书馆，图书馆馆员的综合素质还需要进一步提升。一方面，馆方可通过培训等方式提升现有馆员的相关能力。另一方面，馆员也要结合自身的学科背景，借助其他咨询服务与读者积极沟通，及时了解读者的反馈，更加全面地了解读者的阅读需求，从而构建更加适合读者使用习惯的检索方式与资源体系。同时，也要贴合读者信息需求、社会以及网络等多方面的信息，保证数字图书馆数字资源的准确性、有用性和时效性。

数字图书馆的建设是时代发展的必然趋势，各级图书馆应立足现实，面向未来，联系本地区、本馆实际，进行科学合理规划，努力推进数字图书馆数字资源建设，做好网络数字阅读服务。

二、图书馆数字资源管理体系构建分析

随着数字图书馆与数字出版物的快速发展，数字资源已经成为图书馆资源建设的重要组成部分，如何加强数字文化产品及电子书籍等非实物形态数字类固定资产的管理显得日益重要。

（一）数字资源计划阶段的管理

1. 制定科学的数字资源建设规划和决策评价机制

数字资源是以数字形式发布、存取和利用的信息资源，涵盖了文本、图像、音频和视频等多种类型。在电子领域，图书馆购建的非纸质资源包括电子书、电子期刊、电子索引摘要、统计资料、政府网络信息以及商业数据库等。数字资源的建设主要包括自主建设、采购和网络资源采集三个方面。自建资源能够充分展现地域馆藏的特色和优势，因此，成为各图书馆数字资源建设的核心任务。而数字资源的采购则是满足读者需求、提升服务效率的重要手段，构成图书馆数字资

源建设的重要一环。网络资源采集是对数字资源建设的一种补充和拓展，进一步丰富了图书馆的资源库。

各级图书馆应该参照纸质文献的采访机制，组建数字资源建设委员会。建设委员会的人员构成应强调数据资源建设方面的专业能力，如涉及重大资源构建还应外聘权威专家或者第三方机构进行可行性评估。建设委员会应在充分调研和论证上，制定出适合本地区和本馆的数字资源建设规划和科学决策评价机制，如自建资源应立足于馆藏研究和开发，体现地域文化，注重典藏和特色价值；在数据采购上结合本地区发展状况，充分关注读者需求，提高资源的公众使用率；构建类型多样、内容丰富、流通开放性好、满足读者需求的合理的资源保障体系。

2. 加强数字资源的馆际统筹和共享

当前，加强行政事业单位国有资产管理是降低行政事业单位运行成本，推进厉行节约的具体体现。通过资产的动态管理，实现行政事业单位之间的资产统筹和共享，是当前资产管理的重要思路。所以，加强图书馆的数字资源馆际统筹和共享是构建数字资源的必要措施。数字资源共享是数字图书馆服务中的重要内容之一，相比于馆藏印本资源的共享，数字资源共享运行上优势更加明显，不受时间空间的约束，可以更便捷地为用户服务。

在公共图书馆深化改革的重要时期，图书馆迎来了全面提升服务水平和质量、构建服务网络的契机。为了响应这一发展趋势，各级图书馆均增大了对数字资源的投资，这既满足了当前的需求，也为图书馆的未来成长打下了坚实的基础。作为增强图书馆数字资源服务能力的重要手段，数字资源采购工作得到了广泛推进。目前，全国范围内的省级图书馆以及大部分市级图书馆都已采购了商业数据库。与自建资源相比，商业数据资源的采购量增长更为迅速，效果也更为显著。

为进一步加强数字资源建设，政府需加大统筹力度，确保各层级间分工明确、区域间实现互补。特别是在省级层面，应深化数字资源的统筹规划与科学管理，积极推动省域内的资源共享，进而实现省内各级图书馆数字资源的无差异共享。同时，各地区图书馆应把自建资源作为工作中心，紧密结合本地区的政治、经济、文化和社会发展现状，积极开展具有地方特色的资源建设工作，打造高品质的地方资源品牌。这样不仅能更好地实现馆藏的开发利用，还能更好地教育公众、服务社会、提供信息服务以及传承文明，充分发挥图书馆的公益文化职能。

通过这种集中而分工明确的建设管理模式，数字资源的统筹管理将更为科学合理，财政资金的使用效率也将得到显著提高，从而进一步发挥数字资源在图书馆服务中的重要作用。

(二) 数字资源购建阶段的管理

1. 推行数字资源联合采购

图书馆采购资源以电子图书、电子期刊、学位/会议论文、音视频资源等普适性商业数据库为主。事业单位使用财政性资金，采购财政局制定的集中采购目录以内的或者采购限额标准以上的货物、工程和服务的，适用于政府采购管理办法。目前，我国市级以上图书馆采购数字资源主要以各馆单独采购为主。为了缓解不断丰富的数字资源和有限经费之间的矛盾，可以采用集团采购的方式，即在省级统筹管理下，开展省内图书馆的联合采购工作。积极采用政府采购中的集中采购方式，可以降低采购的成本，通过规模采购提高需求方的话语权，提升产品的品质和供应商的服务水平。

2. 完善数字资源验收制度

数字资源的验收与纸质图书的验收完全不同，数字资源验收要通过数据量、操作平台等来审验，专业技术要求较高。数字资源的内控管理要遵循不相容职务分离的原则，即采购、验收、记录分离，验收时应由建设单位、资产管理部门、资产使用部门联合验收，可由相关部门抽调技术人员，成立技术小组，根据数字资源加工对象不同，对其相应的元数据、数字资源对象数据，根据合同要求进行检验，包括数据验收、介质验收、文档验收等，并填写"数字资源验收单"。该验收单包括验收单编号、日期、相关经办部门经办人、验收人员、采集方式、数字资源描述、数量、验收标准、验收数据量、资源检查核对情况、验收错误率、验收是否合格、相关领导签字等信息。

3. 加强数字资源购建资金管理

对纸质文献的购置经费，即购书经费的设立已形成各级图书馆财政预算的常规机制，但针对数字资源的购置经费尚未纳入常规的部门预算。数字图书馆无论是自建或者购置都需要经费来大力推动，其建设水平和服务能力很大程度上也同样受经费的影响。所以，对数字图书馆的经费投入和管理是这项工程得以发展的基本保障。

为了保障数字资源购建经费的充足与稳定，要积极争取政府投入的常态化保障措施。在经费管理方面，必须严格遵循国家专项资金管理办法，坚持科学安排、专款专用、专账核算、严格监管的原则。为了避免经费使用的盲目性导致的资产配置不合理问题，需要采取以下措施：首先，建立与经费紧密相关的绩效评价体系，确保经费的使用效益；其次，注重内控制度的落实，如在购置过程中严格遵循政府采购规定，执行"三重一大"范围内的集体决策程序，注重职务的分离与责任落实，防止舞弊、腐败现象的发生；再次，严格执行经费审核制度，不允许出现缺项和越程序办理手续的情况；最后，严格按照数字资源的购置计划和购建合同，根据项目实施的进度，合理合规地进行款项支付，确保经费使用的透明度和合规性。

4. 明晰数字资源资产界定

并非所有的数字资源都要纳入固定资产管理。对不同服务模式的数字资源如何分类和界定，目前业界还没有制度层面的认定。图书馆自建数字资源要全部纳入固定资产管理，其采购的数字资源则不然。图书馆采购的数字资源有两种服务模式：镜像和包库。现在比较通行的职业认定是：安装在本地服务器上的镜像类数字资源纳入固定资产管理，而包库类数字资源则不纳入。因此，这两类服务模式的数字资源的会计核算自然就不同。

5. 规范数字资源会计记录

图书馆在购建数字资源时，必须及时进行会计核算，既要记录事业支出，也要将纳入固定资产管理的数字资源增加详细记录在案，防止出现资产漏记现象。当前，各地图书馆正依托本地丰富的文化和文献特色，积极开展特色数字资源的自主建设，利用馆藏文献与信息组织技能，通过数字加工、网络资源采集和专题资源库建设等方式，不断充实数字馆藏。由于数字资源建设项目往往周期较长，甚至可能跨年，因此，可以采用与基本建设相似的核算方法来核算数字资源成本，确保会计核算的准确性。在项目建设过程中，通过"在建工程"账户同步跟踪记录项目的建设进展和事业支出情况。一旦项目达到建设标准并通过验收，将依据项目验收单和核定的"在建工程"成本，及时将其转化为固定资产。这种核算方法不仅有助于图书馆准确掌握项目建设进度，与预算进行对比，还能确保资产记录的真实性和完整性，为图书馆数字资源建设提供坚实的财务保障。

（三）数字资源保存和使用阶段的管理

1. 提高数字资源信息化管理水平

加强事业单位资产信息化管理是财税改革的重要内容之一，数字资源作为数字化的固定资产也应该引入信息化管理的观念。数字资源可以与其他实物的固定资产一起纳入单位固定资产信息化管理体系，运用专业的软件技术和网络技术，实现数字资源的动态管理。在这一过程中，首先，应保证数字资源的及时和完整入账；其次，图书馆应设置独立的数字资源管理部门，或者配备专门的数字资源管理员，以便对本单位的数字资源进行统一管理。

2. 重视数字资源长期保存工作

数字资源的保存是数字资源管理的重要环节，保证数字资源的安全储存是数字资源管理的基础工作。公共图书馆应制定数字资源长期保存的行业标准，并从资金、设备、人员上加大投入，从制度和措施上保障数字资源的保存质量，让其在读者长期使用过程中能够保持稳定和高效。具体做法如下：重视数字资源库房建设和库房管理，建设安全舒适、节能高效以及可扩展的机房；严格执行库房管理制度，包括机构设置、流程操作、作业要求、奖惩规定等；做好入库、记录、检查和恢复、流通、更新、迁移等工作。

3. 加强数字资源发布管理

数字资源发布阶段是资源投入流通的环节，主要是通过软硬件设备的有效运行，将已通过验收入库符合发布要求的数字资源按照发布管理流程对读者开放和提供服务。软硬件设备需要与数字资源兼容配合，适时更新升级。在资源发布过程中，管理人员要对产生的各种文档和数据进行综合管理和统计；要确保系统安全可靠地运行，并根据管理规则和技术及服务需求进行数据信息的更新；及时处理发生的异常情况，如设置备份服务器，防止主服务器发生故障时系统停运；及时清除病毒、防御黑客攻击等。

4. 理顺数字资源产权，合理使用和保护馆藏

在数字资源的建设和开放流通过程中，理顺产权是至关重要的环节。确保有效避免知识产权风险，方能真正保障资产安全。例如，在馆藏数字化和网络采集过程中，必须妥善解决非授权复制等问题；而在馆藏资源的开发利用和数字化转型中，更应强化特色馆藏的自我保护，严防加工和研究过程中的盗用和外泄风险。由于数字资源的购建方式等特性，它与实物资产存在显著差异，使用上更为复杂和专业。因此，有必要针对性地制定本馆各类数字资源的管理办法，以规范服务流程，确保资源得以合理、安全地使用。例如，根据数字资源的使用方式，可以区分为仅限馆内访问、付费访问等类别，涉及版权和馆藏保护的资源则不对外开放，以此保障资源使用的规范性和安全性。

（四）数字资源处置阶段的管理

1. 及时进行数字资源处置

行政事业单位国有资产的处置范围涵盖了闲置资产、报废或淘汰资产、产权或使用权转移的资产、盘亏、呆账及非正常损失的资产，以及依照国家规定需处置的其他资产。长期以来，事业单位在资产管理上往往过于注重购进环节，而忽视退出环节，这种"重购进，轻退出"的现象导致了资产价值与实际服务能力之间的严重不匹配，影响了资产价值的真实反映，进而造成账实不符的问题。

特别值得一提的是，图书馆的数字资源资产价值近年来呈现出连年递增的趋势，且增长幅度较大。因此，在信息时代下，数字资源的管理应更加注重信息资源的更新换代。对于确实没有利用和保存价值，或因技术和设备原因造成的数字资源丢失等资源，都属于处置规定中报废、淘汰或损失的资产范畴。图书馆应及时启动资产的报减程序，防止资产的虚挂现象，确保资产管理的准确性和有效性。

2. 严格执行数字资源处置程序

图书馆对于数字资源退出，应防范因处置的随意性而导致国有资产流失。处置申请应会同技术部门或专家小组进行论证和鉴定，提出处理意见。重大处置还

必须由领导班子集体研究决定。处置报告应按照审批权限报送审批，处置过程严格履行事业单位资产处置程序，同时完整记录处置事项。

"加强图书馆的数字资源生命周期的管理，是注重对数字资产全过程、全方位的精细管理，应当建立健全与之配套的管理制度。该制度建设应注重权责统一和绩效评价相结合，在数字资源购置、验收、保存、使用、处置等行为中落实相关人员的责任和考评。针对在数字资源管理过程的不合理和渎职等行为造成的资产毁损和经费浪费，应当追究相关人员的责任；同时在上述管理行为中对那些严格履职，肯思考，提升整个资产管理业绩水平的人员，应当予以激励。除此之外，还应建立内外相结合的监管机制，结合当前图书馆正在试点的以创建理事会为核心的法人治理结构改革，将资产管理包括数字资源管理纳入理事会对管理层年度业绩审议的内容之一。"①

不断推进数字类资产管理的专业化和科学化进程，是图书馆资产管理的重要任务之一。图书馆的数字资源管理在理论和实践上需要提升和完善的方面还很多，它是伴随着信息技术的不断升级和管理措施的不断优化，而逐步提升的。数字资源管理没有更多的历史经验可以借鉴，需要我们在工作实践中不断总结和提炼，让各项措施真正发挥其效能，以保障数字资源的安全和有效利用，从而使图书馆资产管理的目标得到最大实现。

第三节 数据驱动下的图书馆信息资源共建共享

一、图书馆信息资源共建共享的重要意义

（一）实现效益的最大化

如何利用有限的经费获取尽可能多的资源，是信息资源建设的一项基本原则。在没有进行整体规划和协调的前提下，各图书馆通过"自给自足"和各行其

---

① 宋菲，张新杰，郭松竹. 图书馆资源建设管理与阅读服务研究 [M]. 长春：吉林人民出版社，2021：55.

是的信息资源建设方针，必然会带来信息资源的重复建设问题，无法达到对有限经费的合理利用。

"尤其是近年数字化进程的加快，各图书馆在数字化资源建设中，存在着多个图书馆对同一文献进行数字化处理的现象，这在很大程度上造成了资金的严重浪费。针对这一严重的浪费现象，实行信息资源共建共享，从而对各成员单位馆藏进行合理布局、分工协调，突出各成员单位馆藏文献信息资源的基本特色，通过馆际互借、文献传递等共享方式，使用本馆没有馆藏的这部分资源将信息资源建设经费发挥到最优。"①

此外，许多图书馆通过图书馆联盟，以集团购买的形式采集数字化资源也可以大大节约信息资源建设的成本，提高经费的使用效益，增加信息资源的价值。

（二）避免信息资源的重复建设

通过信息资源共建共享，各图书馆之间实现了信息资源的顺畅流通和高效利用，有效弥补了各自在信息资源方面的不足。参与共享的图书馆可以统筹规划信息资源建设，避免重复购买或建设可以从其他图书馆共享到的资源，从而将更多的资源用于发展自身独特的信息资源。这种做法不仅从整体上大幅减少了信息资源的重复建设，还提升了各图书馆信息资源建设的水平和质量，增强了整个信息资源系统的保障能力。

（三）提高信息资源的利用率

信息资源共建共享对于开发系统、科学的信息资源系统，最大程度地避免重建具有重要意义。同时，还使参与共享活动的各图书馆之间形成信息资源建设各有特色的局面。

各图书馆之间实现信息资源共享，就其中的某一个图书馆而言，利用这种信息资源共享模式，不仅可以为其用户提供本馆所拥有的信息产品和服务，还可以为其提供共享合作单位的信息产品和服务。这样，在更好地满足用户信息需求的同时，还可增加该馆所拥有的用户数量和使用范围，提高其信息资源利用率，对

---

① 容海萍，赵丽，刘斌. 图书馆信息资源建设［M］. 广州：世界图书出版广东有限公司，2019：112.

社会整体信息资源利用率的提高也具有很好的价值。

（四）满足用户需求的最有效途径

随着生活品质的提升，用户对信息资源的需求日益多样化和复杂化，不再满足于传统的单一服务。图书馆要适应这一趋势，满足用户的多元需求，就必须在图书馆之间实现广泛的信息资源共享。通过将其他图书馆丰富的信息资源作为补充和延伸，图书馆能够为用户提供更高效、更高质量的服务。

实现全社会信息资源共建共享，能够汇聚各图书馆的信息资源，共同构建一个庞大而全面的数据库。在这个数据库中，每个图书馆都如同一个独特的"入口"，用户只需通过这些"入口"之一，就能轻松获取所需的信息资源。

二、大数据背景下图书馆信息资源共建协作模式构建

（一）图书馆科技创新信息资源共建协作方法

1. 强化合作观念

从观念上看，确立共同建设的意识，强化合作互信的观念。科技创新信息资源的共同建设需要高校图书馆、公共图书馆、科研院所机构等各个协作方确立共同建设的意识，强化合作互信的观念。图书馆科技创新信息资源的共同建设是在确立共同合作共同信任观念的基础之上进行的，需要各个成员馆的努力，如果各个成员馆之间并未达成共识，信息资源的共建之路也会困难重重。图书馆之间要想形成相互信任、相互合作的大环境，需要各个成员馆的共同付出和努力，这会耗费很长的时间，需要较大人力、物力、财力的投资。互信和合作观念的形成，对图书馆科技创新信息资源的共建的影响是深远的，这种观念尽管松散，却有可能效率极高，共同的信念往往是决定一个项目成败的关键。

2. 加大资金投入

在资金层面，政府需要加大投入并进行合理的资源调配。图书馆科技创新信息资源的共建工作离不开资金的支持。尽管近年来政府对科技创新类文献的建设投入有所增加，但科技创新类文献的价格增长幅度更为显著，导致政府投入远不

能满足实际需求。随着我国经济水平的提升，对科技创新类文献的需求也在不断增加。然而，从整体来看，我国图书情报界科技创新类文献的收藏量却呈下降趋势。这主要是由于资金短缺导致文献缺失，以及科技创新类文献的重复购置带来的资源不平衡。目前，图书馆在构建科技创新信息资源方面面临诸多挑战，经济因素成为制约成员馆共建的一大难题。这不仅涉及科技创新类文献的购置，还包括网络化设备的购买、共建系统的建设，以及专业人员的培训等多个方面。因此，政府需要发挥宏观调控作用，在加大资金投入的同时，确保资金的合理分配，以最大化每笔资金的使用价值。此外，图书情报界也应积极寻求与企业的合作，通过合作提升机构效益，增加资金储备，以支持科技创新信息资源的共建工作。

3. 成立跨系统跨部门的协调管理机构

从管理角度出发，为确保图书馆科技创新信息资源的有效共建，必须成立一个跨系统、跨部门的协调管理机构。这一机构将负责统筹规划、分工协作，确保共建工作的顺利进行。由于我国图书情报机构分散于不同部门，各自履行不同职能，这导致在科技创新类文献的收藏上出现了缺漏、失衡和分散的现象。面对跨区域或全国性合作共建的需求，缺乏统一的跨系统协调管理机构成为一大挑战。因此，在信息资源共建项目中，构建跨系统、跨部门的协调管理机构至关重要。这一机构将承担宏观调控、统一实施、统一协调和统一规划的职责。统一协调管理是实现科技创新信息资源共建的关键环节。在网络环境下，加强国内各文献信息机构成员馆之间的协调与合作尤为重要。须根据我国经济发展、区域创新的实际情况，对科技创新信息资源进行整体布局，并对不同学科的科技创新信息资源进行统一调配和规划。这不仅能提升信息资源的质量，确保信息资源的规范化和标准化，还能凸显不同成员馆的特色，推动特色建设的发展。

4. 增加先进的技术投入

从技术上看，须增加先进的技术投入作支撑。图书馆科技创新信息资源的共建需要网络信息技术的支撑。伴随着时代的发展、网络的高度普及和科学技术的进步，对图书馆科技创新类文献的共建提出了更高的要求，想要推动科技创新信息资源的共建项目良好运行，必须有先进的信息技术作支撑，如此才能保证共建系统的高效运行。增加计算机等先进设备在图书情报机构的投入，加大现代通信技术在图书情报机构的投入，都是为了适应当今科学技术的发展以及现代化、网络化和自动化的发展。科技文献设施的落后以及网络的不畅通，均会影响图书馆科技创新信息资源共建的水准和效率；加大对图书情报机构的技术投入，遵循相应的规范和标准，可以大幅提升图书馆科技创新信息资源共建的效率，并且提高共建的水准和水平。

（二）图书馆科技创新信息资源共建协作数据标准与保障

图书馆科技创新信息资源的共建协作需要以标准化和规范化的数据为标准，并以政策、制度方面的保障为支撑来进行。图书馆科技创新信息资源的共建协作数据标准与保障主要包括以下几方面：信息资源本身、信息资源生产者和使用者以及制度机制、法律法规、方式渠道、技术等，其目的是保障实现科技创新信息资源的共享。

1. 标准规范保障机制

为了确保图书馆科技创新信息资源共建的顺利推进，从信息使用者的视角出发，并持续强化信息标准的保障机制显得尤为重要。这一保障机制应涵盖以下几个核心方面：首先，设立严格的信息资源质量控制标准，旨在确保信息资源的全面覆盖与真实性，为使用者提供准确可靠的信息资源。其次，制定和采用先进的信息共享技术标准，例如信息集成检索技术、可视化检索技术、语义检索技术，以及诸如 Z39. 50 协议、Ariel 和 Prospero 等文献传递软件。这些技术将极大地提升信息资源传输的效率和用户的使用体验。最后，构建信息标准化评估体系，旨在促进不同文献信息机构间形成统一的运行机制，并提升信息的可评估性和可比较性。这有助于图书馆之间更有效地进行资源共享和协作。各图书馆应积极推广和采用这些标准，通过共同努力，争取早日构建起图书馆科技创新信息资源共享的标准化联盟。

2. 法律法规保障机制

健全的法律法规，可以确保各成员馆在加入科技创新信息资源共享系统后得到法律保障，从而使自己的合法权益免受侵犯。完备的法治建设是图书馆信息资源共建共享工作的行动指南。信息资源的共建共享是一个需要多行业参与和协作的系统工作，为了协调不同行业之间的利益和职责，需要制定相应的政策法规，规范各方面的行为，以确保各方的利益不受侵害。每一个图书馆无论规模大小，都要根据协议与承诺，承担有计划地进行特色数字化建设的任务并向共享网络提供自己的储藏资源；每一个图书馆都有分担建设和运行管理各项费用的义务；每一个图书馆都拥有共享网络中各馆资源的权利。应尽快制定更健全周密的法律法规来确保共享运行机制的正常发挥，只有健全的法律才能保障文献信息机构关于科技创新信息资源共建的顺利进行。

3. 利益平衡保障机制

在当前的网络环境中，图书馆科技创新信息资源的共建过程涉及多元化的主体参与者，包括各图书馆成员、用户以及图书馆工作人员等，他们之间存在着错综复杂的利益关系。面对这种复杂的局面，引入市场平衡机制显得尤为重要。市场平衡机制的建立，不仅能够有效遏制条块分割，还能促进各主体部门间的协调合作，推动成员间更经济、高效地利用信息资源。通过竞争的方式，实现资源的优化配置，将信息资源共享活动推向市场，利用市场手段引导资源的合理分配和使用。然而，市场手段并不是万能的，行政手段的协调作用同样不可或缺。行政部门在参与者之间扮演着平衡协调的角色，当需要时，还会给予参与者相应的补偿。这种行政力量的介入，有助于维护各利益主体的合法权益，确保共建共享的整体目标得以实现。因此，在科技创新信息资源共建的过程中，需要同时发挥市场平衡机制和行政手段的作用，以实现资源的优化配置和共建共享目标的统一。

4. 经费保障机制

图书馆信息资源共建的经费保障机制是确保资源共建项目顺利进行的重要基石。它依赖于政府稳定而持续的财政投入，为图书馆提供必要的经费支持。同时，图书馆也应积极寻求多元化的经费来源，包括与企业、社会组织及个人的合作，通过捐赠、赞助等方式，共同推动信息资源的建设与发展。此外，还要建立严格而透明的经费使用和监督机制，确保经费的合理使用和高效投入。

5. 监督激励机制

图书馆科技创新信息资源的共建是一个系统工程，离不开各方的积极参与和共同努力。在此过程中，监督机制和激励机制的引入与实施显得尤为关键。由于科技创新信息资源并非完全公共物品，可以自由无限制地获取，因此，须制定一系列明确的规则、合同和协议，以加强共享的约束力和规范性。建立有效的监督机制，不仅有助于明确各成员馆在共建过程中的权利和义务，还能确保各项规则得到严格执行，从而维护整个共建系统的稳定性和可持续性。同时，建立激励机制也是推进图书馆科技创新信息资源共建的重要一环。通过激励机制，可以增进各成员馆之间的了解与交流，促进信息共享的深入发展。这不仅能够及时总结共享效益，还能激发各成员馆参与共建的积极性，进一步扩大共享资源的数量和质量，推动共建进程的顺利进行。

（三）图书馆科技创新信息资源共建协作模式

信息资源共建的协作方式理论主要有馆藏地域协作方式、馆藏内容协作方式、组织协作方式、采购协作方式、WIK共建方式，在分析国内外的信息资源共建共享模式的基础上，本书以国内的地域为基点，主要分析国内信息资源的共建协作模式有国家级联盟模式、省内联盟模式、跨省联盟模式、中心馆辐射模式。

1. 国家级联盟模式

国家级联盟模式是一种由国家级部门主导的组织形式，旨在通过集结全国范围内的相关文献机构部门，在共同协议的指导下，协同实现特定目标。这种模式拥有显著的优势，包括强大的技术后盾、雄厚的资金支持以及完善的基础设施，这些优势使得国家级联盟能够在管理协调部门的统一规划下，为国家级的重大项目提供坚实的数据支撑。目前，我国国家科技图书文献中心（NSTL）、中国高校文献保障系统（CALIS）、中国数字图书馆联盟均采用的是国家级联盟模式进行共建与共享。

国家级联盟模式在国家级部门的引领下，依托先进的技术平台，遵循统一的数据标准和合作协议，根据不同学科范围和组织类别的需求，按照一定的协议和规则，开展科技创新信息资源的采集、开发、收藏等工作。这一模式致力于提供广泛而深入的科技创新信息资源服务。

2. 省内联盟模式

省内联盟模式是一种由省级部门主导的组织形式，旨在集结全省范围内的相关文献信息机构，在共同的目标和协议的指引下，协同完成特定任务。通过与省内科技部、财务部等部门的紧密合作，该模式能够获得技术指导和资金支持，以确保各项工作的顺利进行。在共同发展、合作与进步的宗旨下，省内联盟模式注重避免资源浪费，优化科技创新类信息资源的配置，从而提高省内科技创新类信息资源的数量和质量。该模式以统筹规划、统一标准、联合共建、资源共享为方针，通过集合各方力量，共同推动科技创新信息资源建设。

在省级部门的引导下，省内联盟模式能够发动省内各个城市的科技文献机构参与进来，共同优化省内科技文献的结构，提高区域创新能力，促进区域经济发展。该模式通过转化信息技术优势和文献数据优势为经济优势，为区域的全面发展提供坚实的数据基础和科技支撑。

3. 跨省共建模式

"跨省共建模式主要是指由地区内的部门牵头，召集该地区的相关省市的文献信息机构，在共同建设愿景的指引下，根据一定的合作协议，共同完成目标的组织联盟。跨省共建模式可以充分利用各个省市的优势资源，从而提高优势资源的利用率，推进优势资源的开放和共享，实现科技创新类信息资源在更大的范围内和更高的层次上的合理配置和共享利用。跨省共建模式还可以加强不同省市之间的合作与交流，借鉴其他地区先进的管理经验、发展模式，为本省、本地区的发展起到示范作用。因此跨省共建模式也是科技文献信息共同建设的一个好的范本。"①

跨省共建模式是在组织协调机构的协调之下，在一定的技术平台支撑下，动员相关省份的科技文献机构根据一定的协议和标准共同建设科技创新类信息资源的共享平台。

4. 中心馆辐射模式

中心馆辐射模式主要是指在一定的区域范围内由资源充沛、服务优质的文献信息部门作为中心馆，召集区域内的相关文献信息机构，在共同建设愿景的引导下，依据一定的协议与标准，共同构建科技创新类信息资源。这样，不仅丰富了

---

① 闫明. 图书馆科技创新信息资源共建共享协作模式研究 [D]. 长春：吉林大学，2013：27.

中心馆的文献收藏量，而且能够带动分馆的发展，实现科技文献信息的共享。

三、大数据背景下图书馆信息资源共享机制创新策略

图书馆信息资源共享机制体系作为一个复杂系统，不仅隶属于信息资源共享系统和图书馆系统，还与社会大系统紧密相连。社会政治、经济、科技、文化等领域的变革，对图书馆信息资源共享机制的创新发展提出了更高要求，并为其指明了前进方向。在实践过程中，机制的创新建设并非孤立存在，而是需要逐步融入图书馆信息资源共享系统的日常运行中。这一系统工程涵盖了图书馆体制、相关规章制度以及图书馆管理文化等多个方面，这些因素的变革将直接影响图书馆信息资源共享机制创新的速度和效果。

因此，深入理解和把握这些领域与图书馆信息资源共享机制创新之间的关系，并据此制定和完善相应的策略，对于推动图书馆信息资源共享机制的创新发展至关重要。

（一）完善图书馆信息资源共享的体制建设

体制是国家机关、企事业单位的机构设置、隶属关系和权利划分等方面的具体体系和组织制度的总称。它是制度体系中的一个方面或层面的内容，是关于国家或社会某一系统中组织结构、权力配置和利益分配格局的制度，它规定系统中各个运行主体的地位、权利和责任、权力和作用，决定各个主体之间的相互关系。在规则性要素的完善中，首要的是体制的完善，体制是否合理与完善对机制运行状态具有主导性决定作用。如果某一社会系统的体制不合理，在该系统的体制未改变之前，系统内的总体权利、利益结构基本保持不变，即使其他方面的制度作了合理的改革和调整，也很难使机制的总体运行状况得到根本改善。

1. 图书馆信息资源共享体制的特点

经济基础决定上层建筑，国家任何领域的体制建设都必须与经济体制改革的方向相一致，图书馆信息资源共享体制的建设也不例外。

在我国，图书馆系统呈现多元化和层级化特点，包括公共图书馆、高校图书馆、中小学图书馆、科研专业图书馆等，它们各自隶属于不同的行政系统。信息资源共享系统的构建依赖于这些图书馆的通力合作。然而，从历史发展来看，

"条块分割"的行政隶属关系一直是制约共享进程的主要障碍，尤其是在跨系统共享方面更为突出。这种涉及多方利益的现状使得体制建设变得尤为复杂。

随着社会主义市场经济体制的稳步发展，图书馆信息资源共享体制结构需具备以下特点：

首先，必须全面考虑所有相关主体因素。在社会主义市场经济体制中，多种所有制结构和分配制度并存，这一特点要求图书馆信息资源共享体制能够包容各种主体，确保各主体在共享过程中都能发挥积极作用。任何一方的缺失都可能影响整体机制创新的质量。

其次，必须明确并合理划分各相关主体的责权利关系。责权利关系是体制建设的核心。在社会主义市场经济体制下，正确处理各种关系，如主次关系、隶属关系、利益关系等，对于确保各因素在适当位置发挥作用至关重要。具体来说，"责"指的是各参与图书馆在资源共建中应承担的义务和责任；"权"是指完成这些责任所需的权力，包括在个人职责范围内的支配力量；"利"则是与责任相对应的物质和精神利益。只有在责权利明确且合理的前提下，各图书馆才能持续积极参与共享，确保投入与收益的平衡。

在数字信息资源和网络构成的现代信息环境中，图书馆信息资源共享获得了新的发展机遇，但同时也面临更为复杂的利益关系。因此，在推进共享机制创新、系统发展和目标实现的过程中，必须进一步明确各相关主体的责权利关系。

2. 图书馆信息资源共享体制的内容

图书馆信息资源共享并不只关系到图书馆成员这一群体，其所涉及的主要利益主体包括政府、共享系统管理中心（或项目组）和图书馆成员以及用户。合理配置各主体的责任、权力和利益是完善图书馆信息资源共享体制建设的重点。

各领域的实践均表明，责权利三者之间的结合越合理，个体积极性的发挥就越好。除了单个主体的责权利结构，一个组织的责权利配置合理性还包括各主体之间的责权利关系是否合理，即多个主体因素责权利关系的权衡，以免出现甲成员的积极性被调动起来而乙成员积极性被挫伤的状况。解决此问题的关键是通过"多边谈判"或"多方磋商"以形成大家公认的准则和基本的数量界限，以此来协调他们之间的关系，使大家都感到公平合理。图书馆信息资源共享系统在配置各主体的责任、权力和利益时应遵循以上原则。

在图书馆信息资源共享系统中，各主体因素的责权利配置应遵循"责权利相结合"的核心原则。这一原则具体体现在以下几个方面：首先，要实现责权利的三位一体。这意味着责任、权力和利益应当紧密地统一在责任承担者身上。责任承担者不仅要承担起相应的责任，同时也应拥有执行这些责任所需的权力，并享受由此带来的利益。其次，责权利应相互挂钩。为了确保各主体能够有责有权有利，必须避免责权利脱节的情况出现。这要求每个主体在承担责任的同时，也要获得相应的权力和利益，以激发其积极性和参与度。再次，责权利的配置需要明确具体。成员需要清楚地了解自己的责任内容、权力范围和利益大小，以便更好地履行职责、行使权力和享受利益。最后，除了单个主体的责权利结构外，整个图书馆信息资源共享系统还需要关注各主体之间责权利关系的合理性。这涉及多个主体之间责权利关系的权衡，旨在避免由于资源配置不均而导致的某些成员积极性受挫的情况。为了解决这一问题，可以通过"多边谈判"或"多方磋商"的方式，寻求各方共同认可的准则和基本的数量界限。这种方式有助于协调各主体之间的关系，确保大家都能感受到公平合理，从而更好地推动图书馆信息资源共享系统的发展。

（1）政府。图书馆信息资源共享中政府这一主体包括国家各级行政部门。在社会主义市场经济体制下，图书馆信息资源共享的决策主体是图书馆，共享系统应走向市场，并建立多元化的监督体系。这使得政府在图书馆信息资源共享中的角色与计划经济时代有较大差异，主要表现在权力的收缩上。即使如此，政府的行政权威性对一个国家信息资源共享发展的促进作用仍然极其重要。例如，在宏观调控方面，《全国图书协调方案》、NSTI 和 CALIS 等都是在我国政府行为的推动下开展的，并取得了诸多共享成果。1957 年，由国务院推动的全国图书协调活动还打破了管理体制的障碍，使得公共图书馆、高校图书馆、科研图书馆中为科研服务的图书馆能够联合起来，协调采集国外学术文献。在当前图书馆信息资源共享市场机制的建立过程中，政府部门应最大程度地发挥其宏观指导作用。

总的来说，政府在图书馆信息资源共享中的责权利关系如下。

责任：在宏观层次上规范、协调、指导全国图书馆信息资源共享的建立和发展，特别是跨系统共享的开展；制定包括国家标准在内的指导信息资源共享的国家信息政策；为图书馆信息资源共享提供一定的资金支持；监督各级图书馆信息资源共享的进展。

权力：与协调、指导责任相应的知情权、检查权和一定范围的决策权；政策制定的调查权和决策权；与监督职责相应的监督权及修正指导权。

利益：国家政治、经济、科技、文化事业的大发展，国民素质提高，国家信息化步伐加快等；社会的赞誉。

（2）共享系统管理中心（或项目组）。图书馆信息资源共享的有效实施通常依赖于专门的管理中心或项目小组，这些机构负责全面协调、规划和执行共享系统的各项工作。国内外图书馆联盟均设有组织严密、职能明确的管理机构，如CALIS的管理委员会、管理中心和专家委员会等。管理委员会在宏观层面上负责规划项目、指导资源建设和信息服务，行使组织管理职能，并协调建设过程中出现的各种问题，同时监督项目进展。管理中心作为具体执行机构，位于北京大学，负责起草建设规划、实施方案以及经费的管理与使用，同时接受管理委员会的领导和专家委员会的监督。管理中心下设多个专业中心和工作组，分别负责不同专题的工作，如联机编目、技术支持等。专家委员会则根据CALIS的发展需求，进行调查研究，协助管理中心制定发展规划、工作和技术方案，并对各项工作进行评估。专家委员会的成员被细分为发展规划和评估组、资源发展组、技术咨询组等。类似地，OCLC的监管机制由监管会员图书馆、会员委员会和理事会组成。理事会是最高决策机构，而会员委员会则负责促进会员图书馆与OCLC之间的合作、沟通信息、选拔代表进入理事会，以及审核章程和管理条例的修改。

从一些成功的共享系统或共享项目的管理组织来看，共享系统管理中心（或项目组）作为共享系统的代表，其责权利关系如下。

责任：规划、管理共享系统的发展方向、发展路径及各项工作，制定共享系统规章制度；协调各成员关系；监督、评价共享系统的发展过程；向上级主管部门及社会反馈共享系统的进展。

权力：与规划、管理、政策制定等责任相应的决策权；与监督职责相应的监督权及修正指导权。

利益：政府的认可和表彰；政府资金投入的支持；共享系统及图书馆社会影响力的提升；共享系统服务功能的完善。

（3）成员图书馆。成员图书馆作为信息资源共享系统的基石，对共享进展与存在的问题有着最直接和深刻的体验。因此，在共享系统的管理中，成员馆的角色至关重要。它们不仅为系统决策提供关键信息支持，还负责反馈共享成果及存在的问题。随着共享系统规模的不断扩大，如何有效倾听并吸纳成员馆的意见和建议，确保它们在系统决策中的核心地位，成为共享系统发展中亟待解决的问题。在这方面，OCLC 的成功实践值得借鉴。OCLC 通过建立自下而上的监督体制，确保了成员图书馆在系统管理中的参与度和影响力。首先，监管会员图书馆是这一体制的基础，它们通过 OCLC 编目系统对其采购的西文书进行编目，这一行为本身就体现了对成员馆监管角色的认同。其次，会员委员会作为监管体制的第二层，旨在鼓励会员更广泛地参与 OCLC 的发展监管，特别是在决策制定过程中发挥重要作用。这一委员会由来自不同类型监管会员馆的 60 位代表组成，他们代表各自所在区域的会员馆利益，成为会员图书馆声音的有效传达者。通过重视每个成员图书馆的声音和角色，OCLC 不仅提高了决策的科学性和有效性，还确保了服务创新始终走在行业前列。

成员图书馆在信息资源共享系统中的责权利关系如下。

责任：为共享系统决策提供需求、资源、技术等多领域的信息支持；监督共享系统的发展过程；及时反馈共享的成果及问题。

权力：继续参与或退出共享组织的决策权；参与或退出共享组织某项共享项目的决策权；与监督职责相应的监督权及建议权。

利益：政府资金的支持；本馆用户需求满足率的提高；图书馆竞争力和社会地位的提高。

（4）用户组织。用户是图书馆信息资源共享服务的最终受益者，将用户纳入图书馆信息资源共享管理体制是系统持续发展的基石，对于完善共享机制具有重要意义。用户通常通过成员图书馆这一桥梁参与信息资源共享的管理。多位学者强调，应提高用户对图书馆监督管理的参与度，如设立专门的读者评估监督组织，对有志于参与图书馆工作监督的读者进行选拔和培训，挑选出优秀的读者代表，对图书馆各部门的工作进行有计划和有组织的监督。此外，还提出了"读者权利"的概念，即读者通过直接或间接的方式参与图书馆内部管理以维护其权益的权利，这包括决策参与权、监督管理权、知情权和建议权。鉴于图书馆作为文献信息保障机构的服务特性，应更多地强化读者权利，并相应减少行政干预。在读者参与管理方面，国外已有成功的实践，如兼职馆员制度，即读者兼任图书馆员。美国一些大学图书馆，专职工作人员仅占少数，而大部分兼职人员由学生和教师担任，他们既是读者又是工作人员，实现了双重角色的有效结合。鉴于信息资源共享在图书馆服务中的核心地位，其绩效与图书馆整体绩效紧密相连，因此，图书馆信息资源共享应成为用户参与组织管理的重要对象。

用户组织在信息资源共享系统中的责权利关系如下。

责任：为图书馆共享的决策提供意见；监督、评价图书馆所提供的信息资源共享服务，反馈服务效果。

权力：决策参与权；与监督职责相应的监督权及建议权。

利益：一定的物质奖励；信息需求的满足。

对于图书馆信息资源共享体制的完善，特别是跨系统图书馆共享组织，除了明确各利益主体的责权利关系，还应解决跨越国家行政体制障碍的问题。对于一个国家的图书馆事业来说，追求的目标应该是不同类型的图书馆共同构成国家的文献信息资源保障体系和图书馆服务体系。可以通过多种方式引导图书馆向淡化系统壁垒的方向发展，除了通过法律手段明确规定国务院文化行政部门具有指导、协调各类型图书馆的管理工作和文献信息资源配置的权力外，还可以通过制定约束力强的图书馆信息资源共享协议保障各参与方在资金、人才培训、资源共建等方面跨越系统界限，实现关系密切的实质性资源共建共享。

（二）完善制度环境建设，推进图书馆信息资源共享机制创新

制度建设对推动图书馆信息资源共享机制创新的作用表现在两个核心方面。首先，制度建设通过其间接效应促进共享机制的创新。图书馆信息资源共享的发展与社会政治、经济、科技、文化等多个方面紧密相连，这些领域的制度变革为共享机制的创新提供了外部动力。例如，随着社会对信息资源需求的日益增长，图书馆地位的提升，以及社会对图书馆责任、权力和利益的明确界定，都将激励图书馆不断探索新的共享机制，以提高信息资源共享的效率。其次，制度建设直接保障了共享机制创新的实现。机制与制度之间有着密切的关联，制度是组织外部的规范，而机制则是组织内部的功能表现。当制度在组织中内化后，便形成相应的机制。例如，通过明确共享系统中各种信息交流方式的频率和细则，可以建

立起有效的信息传递与交流机制。因此，共享机制创新的实施需要制度的支持和保障。制度的合理性、科学性和适应性直接关系到图书馆信息资源共享机制创新能否成功实现。

1. 全民教育制度的建立

早在 2000 年达喀尔"世界教育论坛"通过的《达喀尔行动纲领》中，世界各国就已指出教育是"可持续发展和各国内部及各国之间和平与稳定的关键"。目前，国际社会已普遍认同，全民教育不仅是一种权利，它对于社会以及个人的全面发展都至关重要。从世界范围内图书馆事业发展的基本规律来看，国民受教育水平是影响图书馆事业发展速度的主要社会因素之一。

建立全民教育制度，提高国民受教育水平在图书馆信息资源共享机制创新中的角色表现在：随着全民教育制度的日益完善，图书馆作为教育的重要支柱，其全民教育责任感显著增强。全民教育的目标在于满足所有人的学习需求，提升基本文化素养，培养谋生技能，并促进人们参与解决全球性问题的能力。图书馆，尤其是公共图书馆，承担着传播知识、提高全民综合素质的重要使命，是地区文明程度的体现。在全民教育制度的推动下，图书馆将更加注重其社会教育功能，致力于提升服务辐射能力，扩大服务范围，并丰富服务内容。为了实现这一目标，图书馆积极参与信息资源共享，并通过机制创新提高共享效率。这不仅有助于满足日益增长的信息需求，还能促进图书馆事业的持续发展。同时，全民教育制度的实施将极大地激发社会的信息需求。在信息经济时代，人们对信息的需求日益多元化和社会化。尽管我国信息经济尚处于起步阶段，且存在地区发展不平衡问题，但全民教育制度的推广将逐渐增强民众的信息意识。随着人们对信息资源重要性的认识加深，对信息的需求也将不断增长。为了满足这一需求，图书馆必须意识到信息资源共享机制创新的必要性。通过共建共享信息资源，图书馆能够满足社会各界的信息需求，推动社会整体进步。

全民教育制度建设的重点在于：

（1）加强教育治理。教育治理主要指的是各种公共或私人机构和组织统筹合作、各尽其能，从而对公共教育事务更好地进行控制和引导，包括教育资助治理、学校管理治理、师资治理和教育治理规划等内容。治理行为主要来自各国政府，但又不限于政府的社会公共机构和行为者。各种公共的和私人的机构都可以接受教育责任的分工与转移。"治理"的概念被援引至教育领域后，主要对教育的宏观管理层面产生了较大影响。教育治理作为一种对公共教育事务的调节方式，是对传统教育管理理念和行为的变革，它掌舵而不划桨，绝不直接硬性介入。同传统意义上的教育管理相比，教育治理的内涵更为广泛，它不仅包括政府维度的教育行政，更包括非政府机制，特别是各种相关的全球性和区域性的教育组织的管理机制，以及它们之间的互补与合作。

（2）推动教育评估。全民教育制度的落实需要加强评估工作。评估工作在教育体系中扮演着至关重要的角色，它有助于识别问题、优化策略、改进实践，并最终推动教育的全面发展。

加强全民教育制度评估工作的建议如下：

第一，明确评估目标和标准。评估工作应该基于明确的目标和标准进行。这些目标和标准应该与全民教育的核心价值和目标相一致，包括提高教育质量、促进教育公平、增强全民的学习能力等。

第二，采用科学的评估方法。评估方法应该科学、客观、可靠。可以采用问卷调查、访谈、观察、测试等多种方法进行评估。同时，应该注意评估的公正性和透明度，避免主观偏见和误导。

第三，强化评估结果的运用。评估结果应该得到充分的运用。可以通过将评估结果纳入教育政策制定和资源配置的决策中，推动全民教育的改进和发展。

第四，鼓励社会参与和监督。社会参与和监督是加强评估工作的重要途径。可以通过建立社会监督机制、邀请第三方机构参与评估等方式，增强评估工作的客观性和公正性。同时，应该鼓励社会各界关注教育评估工作，共同推动全民教育的改进和发展。

2. 图书馆法

《中华人民共和国公共图书馆法》（以下简称《图书馆法》），作为一部调整图书馆事业发展所涉及各类关系的法律，涵盖了图书馆与政府、资源供应商、版权人、工作人员以及读者之间的复杂关系。在其中，图书馆与读者之间的关系尤为关键，因为它构成图书馆法调节其他关系的核心目标。从这一角度出发，《图书馆法》不仅是推动图书馆事业稳步发展的保障，更是维护用户权益的重要法律基础。中国图书馆界一直致力于制定具有权威性和约束力的图书馆法。除了宪法和其他相关法律中提及图书馆的部分外，各地也在积极制定与图书馆相关的地方性法规，内容涵盖公共图书馆的定义、管理机构设置、文献资源建设、人员配置、经费分配、读者服务以及奖惩机制等多个方面。

法律的明确性、强制性和引导性特点，使得一部完善的《图书馆法》对于推动图书馆信息资源共享机制的创新具有基础性作用。《图书馆法》的实施将图书馆的性质、职责、社会地位、管理体制、人员准入、信息资源建设、经费和设备等方面纳入法治化轨道，从而为图书馆事业的持续发展提供坚实保障，并激发其创新活力。特别是，《图书馆法》中关于管理体制的明确规定，对于推动图书馆信息资源共享机制的创新具有重要意义。它应当引导图书馆管理体制向更加有利于信息资源共享的方向发展，并明确政府和相关管理部门在其中的角色和责任。

3. 图书馆信息资源共享合作协议

数字信息环境下，为提高图书馆信息资源共享系统的竞争能力，需要构建经过正式组织、合作更加紧密、更具有协同性的共享模式，坚持成员之间平等、互惠互利及协议约束的图书馆联盟就是顺应这种需要而迅速兴起的信息资源共享的重要形式。约束力强的信息资源共享合作协议在协调联盟成员关系、成员与系统关系、联盟的发展运行方面发挥着至关重要的作用，成为图书馆联盟管理的主要工具。在图书馆联盟的组建阶段，联盟成员就应在协议中明确规定联盟功能、目标以及各成员义务。有了目标分解和任务规定，联盟的协调活动就成为实现目标的管理措施。协议制定过程中需要具体充分地分析各种合作方式的利弊，为各种不确定因素安排应对措施。如果外界条件变化，合作协议也需要相应地调整。

目前，我国图书馆信息资源合作协议主要用来规定联盟的名称、宗旨会员、权利与义务、组织保障、活动规则、建设原则等方面。中国高等学校数字图书馆联盟于2002年6月通过的《中国高等学校数字图书馆联盟章程》共有5章36条。其主要规定如下。

联盟宗旨：整体规划、统一标准、联合建设、共享资源。

工作任务：联盟的主要使命在于协同规划、深入研究、积极开发并共同构建中国高等教育数字图书馆。作为这一重要资源建设和技术发展的引领者，联盟负责制定并推广适用于高等学校数字图书馆发展的统一规范和标准，以确保数字图书馆领域的标准化和规范化。同时，联盟致力于为高等学校图书馆提供合作与交流的平台，鼓励它们积极参与中国高等教育数字图书馆的建设。此外，联盟还代表其成员单位，负责与国内外其他数字图书馆系统建立联系，进行交流合作，并处理相关的协调事务。联盟的成员结构包括理事单位和成员单位两种，任何愿意承担联盟成员义务的组织或机构，均可提出申请加入联盟。

成员单位的权利：参与中国高等教育数字图书馆的建设；使用高等教育数字图书馆的资源和服务；参加联盟召开的数字图书馆建设培训会和研讨会；具有对联盟活动议题的建议权，有权及时获得联盟公布的标准和规范，享有联盟理事会赋予的其他权利。

组织机构：理事会是联盟的最高决策机构，负责制定联盟发展战略和指导联盟工作实施。联盟发起单位为理事会的首批理事单位，理事由理事单位指派。

为确保信息资源共享组织或项目的合作效果，签订共享合作协议是至关重要的。这一协议不仅规范了成员的合作行为，还为图书馆信息资源共享机制的创新提供了有力支持。为了进一步深化共享合作，需要扩展合作协议的内容和功能。首先，共享合作协议可以作为《图书馆法》的有益补充，进一步完善共享体制的建设。通过明确阐述成员图书馆和用户在图书馆信息资源共享系统管理中的角色和职责，合作协议能够确保各方在共享过程中能够遵循统一的规则和标准。其次，合作协议为共享机制的创新提供了坚实的制度保障。这包括决策机制中决策组织体系的建设、信息传递与交流机制中信息交流对象和方式的明确、市场运行机制中绩效评估和营销宣传策略的制定、服务机制中服务定价方法的确定，以及监督机制中多元化监督手段的运用等。通过这些具体而详细的合作条款，合作协议确保了共享机制能够高效、有序地运行。

(三) 构建数字环境下的图书馆管理文化

现代信息技术的飞速发展，将人类带入了一个全新的数字环境。在这一环境中，图书馆管理及各项业务活动都发生了巨大的变化。然而，数字环境对于图书馆管理的影响，绝不仅仅是改变了图书馆管理的技术手段和方法，也不只是提高了图书馆工作的效率，而是深层次地影响着图书馆管理者乃至所有图书馆人的价值观念、思维方式和行为模式，从而形成一种新的图书馆管理文化。不管图书馆人是否意识到，这种图书馆管理文化都是客观存在的。观念决定行为，先进的观念必然创造先进的图书馆事业。信息资源共建共享是图书馆开展信息资源建设及信息服务的基本原则，是图书馆事业的重要组成部分，构建适应新的数字环境的图书馆管理文化必然推动共享机制的创新实现。

1. 数字环境对图书馆管理文化的影响

（1）数字环境对图书馆管理物质文化的影响。在数字时代的浪潮下，图书馆的物质文化管理受到了最为直观且显著的影响，这种变化易于被公众所察觉。如今，进入图书馆，宛如进入一个数字化的宇宙，电脑触手可及，网络连接全球，数字资源丰富无边，检索系统高效便捷。图书馆传统的手工服务已被先进的自动化管理集成系统所取代，读者借还书籍仅需数秒即可完成。不仅如此，图书馆的服务范围更是扩展到了人们的办公室和家庭，提供 24 小时不间断服务，使读者不再受图书馆开放时间的限制。这一切变革，不仅仅是图书馆管理业务内容和方法的革新，更深刻地反映了数字环境为图书馆服务用户所创造的充满人文关怀的条件。图书馆一直秉承的让社会成员平等自由获取知识信息的人文理想，在数字环境的物质支持下，得以最大程度地实现。

（2）数字环境对图书馆管理制度文化的影响。制度文化是隐含在制度中的管理理念、管理风格。图书馆管理制度是图书馆管理的重要手段，图书馆管理制度文化也无不渗透着图书馆管理者的价值观和基本信念。毋庸置疑的是，图书馆管理制度文化也应该与时俱进。数字环境对图书馆管理制度文化的影响，从宏观上看，由于数字环境的形成，图书馆合作与信息资源共建共享不仅非常必要和十分迫切，也有了实现的技术条件，因此，国家的图书馆制度设计必须为图书馆合作与资源共享的实现提供保障条件。从微观上看，由于数字环境的形成，图书馆的业务活动内容和业务流程发生了很大的变化，因而基于图书馆传统业务的工作流程管理、人员管理、服务管理的各项制度也必然发生变化。同时，数字环境下图书馆管理面临的新问题，如业务流程重组、人力资源管理、图书馆产业化、知识产权管理等，纷纷进入图书馆管理制度文化的视野。

（3）数字环境对图书馆管理精神文化的影响。数字环境对图书馆管理精神文化的影响虽然不直观，却异常深远。它触及了图书馆人的职业理念和价值观，而这些理念和价值观正是塑造图书馆物质文化和制度文化的核心动力。数字环境对图书馆管理精神文化的主要影响表现在以下几个方面：首先，数字环境从根本上挑战了图书馆长期持有的"重藏轻用"的传统观念。在数字时代,图书馆提供的服务资源不再局限于本馆收藏,读者利用图书馆也不再受限于本馆资源。这种变化促使图书馆人重新审视和定位自己的服务职能。其次,数字环境强化了信息资源共建共享的重要性,使之成为图书馆人的共识。随着数字环境的形成,信息资源的重复建设变得毫无意义,因此,合作协调与资源共建共享成为图书馆发展的必然选择。再次,数字环境使信息公平的理念深入人心。它创造了一个平等、自由获取知识和信息的环境,使得文献资料不再仅限于少数专家学者使用,而是通过各种符号系统和载体形态进入千家万户,真正实现了全社会共享。图书馆作为知识和信息的集散地,成为践行这一理念的重要场所。最后,数字环境激发了图书馆人的创造精神和潜能。随着工作内容、方式和管理模式的巨大变革,图书馆员的角色也发生了转变,从图书管理员变为知识导航员、信息咨询专家。这种转变既带来了挑战,也带来了机遇。图书馆员必须不断学习、创新,更新知识结构,发挥创造潜能,以适应新的工作环境和需求。这种过程促进了图书馆管理精神文化的积极变革,形成积极进取、不断创新的文化氛围。

数字环境对图书馆管理文化的影响是全方位的,从以上各个方面的影响来看,数字环境要求图书馆构建重视合作与共享的管理文化,这将为图书馆信息资源共享提供更深刻的动力源泉。

2. 数字环境下图书馆管理文化的建设

(1) 了解我国管理文化背景及图书馆管理文化现状。在数字时代背景下,图书馆管理文化展现出全新的内容和特点。然而,其建设并非凭空产生,亦不可简单复制国外模式。必须根植于中国的管理文化思想及图书馆管理文化的现实状况,探索适合本土的变革路径。这样才能精准把握数字环境下图书馆管理文化创新的关键点,制定出最优化的建设策略。如此,不仅能提升西方先进管理文化在中国的适应性,更能保持图书馆管理文化建设中独特的中国风格和图书馆特色。在理解和应用我国管理文化背景时,应当以精神文化为首要考量。因为无论是可见的制度文化还是物质文化,它们都受到看不见的精神文化的深刻影响。以制度文化为例,尽管我们已意识到国内法治建设与西方国家相比存在不足,但如果不深入了解中西方在伦理与法治价值观上的差异,那么我国的法治化进程将会受到极大的阻碍。因此,在推进图书馆管理文化建设时,既要吸收国际先进经验,又要紧密结合中国国情和文化传统，确保图书馆管理文化的健康、有序和可持续发展。

（2）提高图书馆管理者的个人素质。图书馆管理者的个人素质是成功构建数字环境下图书馆管理文化的关键因素。有学者认为企业管理文化的建设需要"育才型"领导，其特征是实行分权管理，上级和下级共担责任，共同控制；尊重下级的创造性和智慧；既关心工作任务的完成，又关心下级积极性的发挥和能力的培养；一切工作的完成都依靠配合默契的团队，培养团队精神是其关注的焦点。图书馆管理文化的建设同样需要这样的管理者。

（3）以馆员为中心的图书馆管理文化建设。数字环境下的图书馆管理理念是"用户第一，服务至上"。然而这一理念的实现有赖于图书馆员正确的职业价值观，以及由此产生的工作热情。这就需要图书馆管理者在图书馆内部建设以馆员为中心的图书馆管理文化。

在数字环境下，图书馆管理文化的创新与发展可以从以下几个关键方面着手：首先，应积极构建学习型图书馆，以增强馆员的自我价值认同感和职业使命感。每个人都有追求和实现自我价值的内在需求。学习型图书馆通过组织多元化的培训、继续教育、深造进修和专题研讨会等活动，营造积极向上的学习氛围。这不仅有助于提升馆员的业务能力和专业素养，更重要的是，它能促进馆员敬业奉献精神的培育、职业道德观念的树立、自我价值意识的觉醒以及拼搏创新精神的激发。其次，完善图书馆的激励制度至关重要。需要从物质和精神两个层面出发，采用多种途径激励馆员发挥主观能动性。这样的激励制度能够激发馆员的工作热情，提高他们的工作效率，同时也有助于培养馆员的团队精神和协作能力。最后，要全面优化针对馆员的图书馆环境，以增强他们的工作满足感。这不仅仅是指提供舒适的工作场所和先进的设备设施，更重要的是要丰富馆员的"图书馆生活"。例如，可以通过建设文化活动中心，举办文艺演出、运动会、兴趣爱好者联谊会等活动，以及表彰文艺积极分子等方式，用丰富多样、持续不断的文化活动，为馆员们营造充满活力和积极向上的工作氛围。这样的环境能够使馆员的精神面貌始终保持饱满和昂扬的状态，进而提升整个图书馆的工作效率和服务质量。

（4）在图书馆管理中凸显文化管理理念。"文化管理理念源于西方企业界，其核心是崇尚价值观在企事业管理中所起的决定性作用。图书馆文化管理强调建设以图书馆精神、图书馆价值为核心的图书馆文化，将人本主义管理与图书馆文化建设相结合，更深层次揭示图书馆员的价值观念、道德规范和图书馆精神在图书馆活动中的地位和作用。将图书馆文化管理作为数字环境下图书馆管理的主要思想和手段，即由文化管理来统领对图书馆物质资源的管理、图书馆员的行为管理、人力资源的管理等。图书馆在数字环境中实施文化管理，有助于'软化'图书馆的'刚性'管理，保证图书馆管理制度文化、物质文化与精神文化的一致性，使图书馆展现给馆员和社会的不只是资源、技术、制度、建筑，更是其公平、开放、以人为本、服务至上、追求知识、追求创新的文化理念。"①

第四节　大数据环境下图书馆信息资源管理对策

一、大数据时代图书馆信息资源管理的不足

（一）信息库的建设有待完善

目前，大部分数字图书馆数据库内容单薄、形式单调，而且数字图书馆网站上信息资源建设不完全。数据库的内容缺少特色，数据库的建设不合乎标准，这些使得联机检索信息和共享数据库难以实施。

（二）信息资源利用不充分

现在大部分图书馆都存在信息资源利用不充分的问题。图书馆在建造时耗费许多人力与财力，建成了具有本馆特色的数据库，实现文献资源数据化。可是建造后，对信息资源的利用却很不充分。读者对图书馆的特色数据库知之甚少，对如何检索信息资源不够熟悉，使得图书馆信息利用率低下。

（三）缺少建设人才

大数据发展初期，图书馆缺少建设信息资源的意识。数字图书馆工作人员普

---

① 张新鹤. 我国图书馆信息资源共享机制的体系构建研究 [D]. 武汉: 武汉大学, 2010: 138.

遍知识欠缺，技术水平不过关。馆内缺少合理的制度，无法将数据信息资源与读者多样化的需求连接起来。图书馆忽略了对与数据信息有关专业的再教育，没有对工作人员在现代化技术与专业知识技能上进行有效的培训，因此，信息资源的管理缺少建设专业人才。

（四）缺乏信息资源共享的意识

现在，图书馆缺乏信息资源共享的意识，大多重复购买、各自收藏，重复投资、盲目建设。这些无意义的重复工作是对信息的浪费。大数据背景下，信息资源数量并不能决定图书馆的优劣，资源提供的价值才是关键。能够满足读者独特的个人需求，提供全方位、个性化的特色服务更为重要。

二、大数据背景下对图书馆信息资源管理的建议

（一）增强信息管理建设意识，完善资源管理体系

为加强图书馆信息资源的管理，首要任务是提升信息管理建设意识。在大数据的时代背景下，管理信息资源不再是简单的数据录入和上传网络，其目的也不仅限于满足基本的信息需求。传统的图书馆使用纸质信息，只需简单整合即可使用。但如今，除了整合，还须经过信息筛选、资源存储等复杂过程，确保信息资源的合理利用，最终纳入图书馆的资源体系。这要求图书馆工作人员增强信息管理意识，立足当下，展望未来，制定信息资源发展的长期规划，明确目标实现的步骤及各项计划间的联系。在管理图书馆的海量信息时，应规范资源管理制度，完善管理体系，使信息的收集、存储、分析和使用更加规范、稳定。这不仅能拓展信息管理途径，还能促进信息资源的高效共享，优化图书馆管理。一个完善的信息资源管理体系能使图书馆的信息资源更加专业和多样化，便于用户快速获取所需数据。借助先进的数字化技术，可以加快信息管理网络与资源设备的完善，节省用户时间，提高学习效率，从而充分发挥图书馆的功能和价值。

（二）培养工作人员的专业技能与信息素养

"拥有专业技能强、信息素养高的工作人员，无疑使图书馆的实力得到提升。信息资源管理，是一项专业度较高的工作。需要具备专业知识、信息素养。员工

要求系统学习过专业知识、具有较高职业素养。大数据背景下，信息资源的管理与人工智能、虚拟模型等专业知识有关。如果知识水平不够高，专业技术不过关，就难以完成信息资源的管理。时代在发展，科技在进步，读者获得信息资源的方法与渠道随之改变，图书馆也逐步向数字化方向发展。"① 读者的信息需求多种多样，呈现出鲜明的个人特点。这表示对图书馆工作人员的专业知识与服务技能的要求提高了。管理人员的素养，很大程度上可以决定图书馆信息资源的利用率及信息服务的质量。所以，大数据背景下，图书馆工作人员应当继续学习，提高专业技术，培养信息素养与信息管理意识，认识到工作的重要性，不断提高自己，顺应时代的发展。

（三）完善信息资源管理评价体系

在大数据背景下，完善图书馆信息资源管理评价体系至关重要。科学的评价体系能够准确展现图书馆信息资源管理的整体水平，其中质量评价关注读者获取信息的效率、资源丰富度及服务质量满意度；效益评价则涵盖社会效益与经济效益，全面考量图书馆资源对社会的积极影响及经济合理性。通过完善评价体系，图书馆能够更有效地管理信息资源，提升服务质量，满足读者需求，推动图书馆事业持续发展。

---

① 王霞，刘伟. 试论大数据背景下图书馆信息资源管理问题 [J]. 电脑迷，2016（8）：92-93.

第五章 大数据环境下图书馆人力资源管理

第一节 图书馆人力资源管理概述

一、图书馆人力资源管理简介

（一）图书馆人力资源管理的含义

人力资源管理概念有宏观和微观两种解释。宏观人力资源管理主要是针对一个国家或地区来说，采用各种切实有效的手段，充分挖掘人力资源的潜力，提高劳动力的质量，优化劳动力的结构，改善劳动力的组织和管理，以便使劳动力与生产资料的结合处于最佳状态。而微观人力资源管理主要是对某个用人组织而言，管理者在进行选人、育人、用人和留人等方面的工作时所需要使用的概念和技术的总和，主要包括工作分析、人员选拔、配置、培训、工作绩效评估、报酬与激励、维护人力资源管理的社会环境等方面的内容，是一种系统化的管理体系。

关于图书馆人力资源管理，存在两种不同的解读。广义上，它主要聚焦于对图书馆员工的管理，涵盖了对图书馆员工队伍的整体协调与调控。而狭义上，图书馆人力资源管理则是由传统的人事管理逐步演进而来的，它涉及馆员的招聘选拔、录用安置、培训提升、绩效评估以及职业生涯规划等多个关键环节，旨在全面而系统地管理图书馆的人力资源。在我国，图书馆人力资源管理的核心任务应当聚焦于人力资源的有效获取与合理使用，以确保图书馆能够拥有一支高素质、高效能的员工队伍，进而推动图书馆事业的持续健康发展。

（二）图书馆人力资源管理的必要性

人力资源管理是图书馆持续发展的基础，人力资源是图书馆服务工作的主体，是图书馆事业的灵魂，是图书馆生存与发展的生命线。

1. 知识经济和网络时代的需要

知识经济和网络时代的到来，使图书馆的管理工作发生了巨大转变，大量高素质、高层次的创新型知识人才不断涌入图书馆，成为图书馆发展最重要的资源。因此，加强对图书馆人力资源的管理，要构建科学有效的人力资源激励机制，应把激励的手段和目的结合起来，改变思维模式，真正建立起具有图书馆特色、时代特点的和馆员需求的开放的激励体系，使图书馆在激烈的市场竞争中立于不败之地。

2. 提高图书馆馆员综合素质的需要

图书馆馆员的素质关系到图书馆的长远发展，提高馆员的综合素质是进行人力资源管理的首要任务。图书馆只有确立以人力资源发展为核心的指导思想，对人力资源进行科学合理的规划、开发与管理，激发其潜能，才能提高工作效率，实现图书馆可持续发展目标。

3. 图书馆人力资源配置结构的需要

目前，图书馆缺少能够开展高层次、高质量的信息服务的复合型人才，人员配置处于结构性短缺状况。而未来图书馆人力资源管理，将逐渐确立以信息研究和信息技术人员为主、传统技术人员和管理人员为辅的人力资源配置结构新模式。

二、图书馆人力资源管理内容

图书馆人力资源管理包括三个方面的内容：人力资源的分析与评价、人力资源的开发和利用、人力资源的控制和激励。通过对图书馆人力资源的信息管理、招聘、调配、控制、培训等手段，实现求才、用才、育才、激才和留才等管理模式，使图书馆人员与图书馆的工作保持最佳比例，达到最佳状态，以促进图书馆事业不断发展。

（一）人力资源规划

人力资源规划就是根据图书馆的发展战略和工作计划，系统地全面分析和确定人力资源需求的过程，如评估人力资源现状及其发展趋势，收集和分析人力资源供求的信息和资料，预测人力资源供求的发展趋势，结合实际制定图书馆的人力资源培训与发展计划等。

（二）工作分析

工作分析是图书馆人力资源管理最基础的工作，对各个工作岗位进行考察与分析，以便确定其职责、任务、工作条件、任职资格和享有权利，以及相应的教育培训情况等，以便最后形成工作职务说明书。

（三）馆员招聘

根据人力资源规划和工作分析的要求，馆员招聘主要由计划、招募、测评、选拔、录用、评估等一系列活动组成。图书馆可以在内部聘任，也可以向社会招聘，按照平等就业、择优录用的原则招聘所需要的人才。

（四）馆员培训与发展

馆员培训与发展主要包括馆员职业生涯规划、职业发展、业绩评估等。对馆员进行培训和开发，可以促使馆员更好地提高工作效能，增强对图书馆的归属感；对图书馆而言，可以减少事故，降低成本，提高工作效率和经济效益。

（五）馆员激励

馆员激励就是通过运用各种因素激发馆员的动机，引导和强化馆员的行为，调动馆员工作的积极性，使之产生实现图书馆目标的行为过程。

（六）绩效管理

绩效管理是图书馆管理者参照工作目标或绩效标准，采用一定的考评方法，对馆员的工作表现和工作成果等作出评价。对绩效突出的馆员应进行物质和精神方面的奖励，对表现差的馆员应给予批评甚至惩罚，目的是调动馆员的积极性，使图书馆人力资源管理工作健康高效地运行。

（七）薪酬管理

薪酬管理是图书馆人力资源管理的重要组成部分，图书馆要从馆员的资历、职级、岗位及实际表现和工作成绩等方面综合考虑，制定相应的、具有吸引力的工资报酬标准和制度；同时，其也是图书馆吸引和留住人才，激励馆员努力工作，发挥人力资源效能的最有力的杠杆之一。

（八）职业生涯管理

职业生涯管理是个人和图书馆对职业历程的规划、对职业发展的促进等一系列活动的总和，它包含职业生涯决策、设计、发展和开发等内容，有助于提高个人人力资本的投资收益，有助于降低改变职业通道的成本，有助于图书馆事业的发展。

（九）人力资源保护

人力资源管理涉及劳动关系的各个方面，如劳动用工、劳动时间、劳动报酬、劳动保护、劳动争议等内容。图书馆应根据国家劳动保护的有关协议条款的规定，依法行事，处理相关的劳动关系，以确保馆员在图书馆工作中的安全与健康。

三、图书馆人力资源管理目标

图书馆人力资源管理的核心目标是实现人力资源配置的最优化，从而提升人力资源对图书馆发展的贡献率。通过加强对馆员的全方位培养和管理，旨在提高他们的专业水平，进而推动其整体素质的全面提升。

有效的人力资源管理目标和组织目标是一致的，都是为组织目标服务的。根据管理学家舒勒和胡博的理论，可以把图书馆的人力资源管理目标分为三个层次，即直接目标、具体目标和最终目标。

（一）直接目标

通过人力资源管理活动，如通过激励机制、奖勤罚懒与按业绩、劳动量、创造性进行合理分配等，来吸引图书馆员、留住馆员、激励馆员和再培训馆员。

（二）具体目标

通过调整机构设置，实行定岗、定员、定额管理模式，打破年龄、资历、学历、职称等限制，让所有员工能进能出，职务能上能下，待遇能升能降，促使优秀馆员脱颖而出，充分调动图书馆各类人员的积极性、创造性，从而提高整个图书馆工作的效率。

（三）最终目标

通过图书馆有效的人力资源管理来保证组织的良性循环，促进组织的发展，增强组织的凝聚力和适应外部环境不断变化的灵活性。

四、图书馆人力资源管理现状与提升措施

（一）图书馆人力资源管理现状

自20世纪80年代以来，我国图书馆已经开始确立人力资源开发和管理的观念，并逐步认识到图书馆发展的关键在于人力资源，初步建立了激励机制和淘汰机制。但由于历史的原因和改革的复杂性、长期性和艰巨性，目前图书馆还普遍存在以下问题。

1. 人力资源管理理念陈旧

图书馆人力资源是全体图书馆员智力和体力的总和，其表现形式是馆员的数量和质量。目前，绝大多数图书馆还沿用传统的人事管理模式，整个图书馆界缺少人力资源管理的新理念，即"以人为本"的思想理念，大多数图书馆只重视馆藏建设和设备的添置，而忽视了对人才的引进、培养和科学的管理。图书馆工作质量和服务水平上不去，极大地影响了图书馆人员积极性和创造性的发挥。

2. 图书馆员知识结构单一，学历水平低

上级主管领导对图书馆工作的认知不足，重视程度不够，导致图书馆往往成为解决职工家庭就业问题的场所，以及安排上级领导关系户的收容所。这种情况下，图书馆人员队伍中出现了人员素质参差不齐、学历结构不完整、知识背景单一等问题。由于大多数图书馆人员没有经过系统的图书情报专业理论和技能培训，对图书馆工作的深入理解和实际操作能力有限，难以胜任更高层次的业务工作。而那些拥有图书情报学背景的专业人员，又因为缺乏跨学科知识，难以开展综合性的深层次服务。同时，由于缺乏规范的人力资源培养、培训和业绩考核机制，图书馆人员的整体业务水平停留在传统服务层面，难以适应信息化、网络化时代对图书馆工作的新要求。

3. 图书馆高级人才缺乏

当前，我国图书馆界高层次人才匮乏现象十分严重，其原因虽是多方面的，但图书馆内部缺乏高层次人才的发展空间和使用环境是一个主要因素。由于我国图书馆多以传统作业流程设置部门，这种线性组织结构与外界社会需求严重脱节，对内只突出行政上的领导与被领导关系，而没有形成业务上的指导与被指导关系，高层次专业馆员疏于对业务工作进行指导和研讨，在这种环境下，高层次专业人员难有用武之地，局限了他们的发展空间。再加上图书馆人员的社会地位不高、收入少，缺少成就感和自豪感等因素，很难吸引高层次人才的加盟。

4. 缺乏公正、有效的激励机制，影响馆员的工作积极性

首先，当前图书馆没有建立真正意义上的公平、公正、有效的激励机制。有些图书馆领导不是去研究如何激励、调动馆员的积极性，挖掘馆员的潜力，而是抱着平衡各种关系的态度，有时不惜损害大多数人的利益来调动少部分人的积极性，挫伤了广大馆员的积极性。在工作中不是比能力比贡献、公平竞争，而是拉关系、讲人情。这种不正常的人际关系和工作环境违背了公平竞争、任人唯贤的用人原则。其次，激励过程中缺乏沟通。图书馆部分管理者往往只在意命令的传达，而不注重反馈的过程，缺乏必要的沟通，使馆员处于一个封闭的工作环境中，因而也就不会有较高的工作热情和工作积极性。

5. 图书馆行业的职业资格制度仍未正式建立

职业资格是从事某一职业所必须具备的学识、技术和能力的基准要求，涵盖了从业资格和执业资格两个层面。从业资格是从事特定专业或工种所需的最低学识、技术和能力标准，是入行的起点。而执业资格则是针对社会影响广泛、责任重大的专业或工种，由政府实施准入控制，确保从业者具备独立开业或从事该专业所需的必要学识、技术和能力。

职业资格证书制度作为劳动就业制度的重要组成部分，实质上是一种特殊的国家考试制度。它依据国家制定的职业技能标准或任职资格条件，通过政府认可的考核鉴定机构，对劳动者的技能或职业资格进行公正、科学、规范的评估和鉴定。对合格者，授予相应的国家职业资格证书，作为其职业能力和水平的权威证明。实施职业资格证书制度，不仅是社会生产力发展的客观需求，更是社会文明与进步的重要体现。它有助于提升劳动者的职业素养和技能水平，促进劳动力市场的规范化和高效运作，进而推动社会的持续健康发展。

目前，世界上许多国家，如美国、日本、韩国等都相继实施了职业资格证书制度，并取得了一定的成绩。我国许多行业也都逐步建立了各自的行业准入制度，而图书馆行业的职业资格制度却一直未正式建立。由于没有严格的职业资格准入制度，使得我国图书馆从业门槛比较低，几乎无须岗前培训、无须资格认证都可以从事图书馆工作，严重影响了图书馆的管理，影响了图书馆业务水平的提高和创新。

(二) 图书馆人力资源管理措施

人力资源管理对图书馆来说具有极其重要的战略意义，图书馆只有坚持"以人为本"的方针，根据馆员的不同知识结构合理配置、激励和培训等，才能达到降低图书馆的人力资源成本，提高图书馆工作效率的目的。

1. 树立"以人为本"的科学管理理念

以人为本，建设和谐社会，是社会发展的方向。图书馆的人力资源管理也应树立"以人为本"的科学管理理念。尊重人的基本权利，培养人的道德情操，调节人的思想行为，树立人的理想信念，及时了解馆员的需求，正确引导馆员把个人需求与图书馆事业的发展结合起来，互动发展、达到双赢；改善图书馆的服务环境，树立图书馆的新形象，使图书馆事业保持良好的状态并不断地持续发展。

2. 建立合理的人力资源配置机制

图书馆人力资源配置主要是对图书馆各种类型、各个层次的人才进行优化组合，充分发挥各种人才的优势，调动多方面的积极性、创造性，提高图书馆的整体功能。图书馆员配置应做到组合合理、人尽其才、才尽其能，使每位馆员都能充分发挥才能、展示才华。

3. 完善和强化激励机制，加强培训和继续教育

建立完善的馆员激励机制，对于强化竞争意识、效率意识、信息意识和独立自主意识，全面提高馆员的素质有着十分重要的作用。通过竞争上岗、以岗定酬等激励手段，激发馆员们的积极性、主动性和创造性，从而提高图书馆工作的质量和效率。此外，应注重对馆员的培训与开发。"图书馆人力资源的管理不仅是如何用人，更是如何培养人。根据图书馆对人才的需求，重视现有人才的教育和培训，开发馆员潜在能力，鼓励馆员不断学习，促使馆员全面提高素质和能力，使他们成为有创新能力的知识型馆员。"①

4. 借鉴国外图书馆人力资源管理经验，尽快建立适合我国图书馆行业的职业资格管理制度

欧美等发达国家已相继建立起图书馆职业资格证书等完善的管理制度，这为我们提供了宝贵的借鉴经验。然而，在借鉴的同时，必须紧密结合我国的实际国情，清醒地认识到我国与世界其他国家的差异，如经济发展相对滞后、地区间发展不平衡等。这些差异在图书馆事业中表现为不同地区图书馆规模和水平的显著差异。因此，在深入研究和把握中国国情的基础上，需结合中国图书馆事业的发展特点，通过法规形式，确立一套规范且高标准的图书馆行业准入制度。同时，要协调高等教育、学历文凭制度与职业资格证书制度之间的关系，强化图书馆职业技能鉴定的基础研究，力求尽快建立起符合我国图书馆行业特点的职业资格管理制度。这样，才能有效提升图书馆员的专业素养，进而提高图书馆的整体管理水平，推动图书馆事业的持续健康发展。

---

① 李朝云. 图书馆人力资源管理探微 [M]. 合肥：安徽大学出版社，2011：16.

第二节　图书馆人力资源管理体系解读

一、图书馆人力资源体系设计步骤

（一）图书馆人力资源管理现状诊断

"图书馆人力资源管理诊断是指通过对图书馆人力资源管理各个环节的运行、实施的实际状况和管理效果进行调查评估，分析人力资源管理工作特点、存在的问题，提出合理的改革方案等，开发和引导人力资源管理工作，提高管理效率。"[1]

图书馆应当对其人力资源管理现状进行全面的盘点与深入的诊断，旨在清晰掌握人力资源状况。通过这一过程，图书馆需精准识别存在的问题与不足之处，并据此提出切实可行的改善方案。同时，结合诊断结果的分析，图书馆应准确评估现有人力资源的增值潜力，从而制定出科学合理的管理规划，并明确阶段性的工作目标。这样，图书馆能够更有效地实现人力资源价值的最大化，推动图书馆事业的持续进步与发展。

1. 人力资源管理现状诊断实施

（1）现状调查。采用适合的调查方法对图书馆人力资源管理现状进行调查。可以采用的调查方法有调查问卷法、量表调查法、面谈调查法、统计分析法、现场观察法、个案分析法、图像描绘法、德尔菲催化法等。

（2）现状诊断。对图书馆人力资源管理的现状进行诊断，以发现图书馆人力资源管理的状况及问题，诊断具体包括人力资源方针诊断、人力资源管理组织诊断、培训与开发诊断、考核管理诊断、人员任用与调配诊断、工资管理诊断、人际关系诊断等。

（3）诊断结果分析。对诊断的结果进行分析，主要包括明确人才发展与图书

---

① 张钧作. 图书馆人力资源管理 [M]. 北京：中国商业出版社，2020：25.

馆发展之间的差距、人力资源规划开发与图书馆战略之间的差距、人力资源管理目前水平与存在的问题、各职能模块的具体问题与面临的挑战等。

（4）思路及对策。根据诊断分析的结果给出图书馆人力资源管理的思路及对策。包括正确认识自身的人力资源、把握正确的人力资源管理方向、全面掌握人力资源和图书馆管理的方式方法、各类问题的解决与工作改善。

2. 现状调查方法运用说明

人力资源现状调查分析方法主要有如下几种。

（1）问卷调查法。通过设计问卷来了解职工的意愿。问卷调查法实施需注意以下五点：①依据不同的人力资源管理诊断目的，设计出调查对象不同、结构不同、调查内容不同的问卷。②对调查结果进行加工、分析、核对后所提出的相应的改革措施，员工易于接受。③先进行问卷设计，根据调查目的编制一套结构性问卷，员工在不受干扰的条件下独立填写，在规定时间内收回，由调查人员汇总整理。④问卷内容需问句贴切、用词正确、问题与调查目的一致。⑤问卷回收率必须达到一定比例，要做问卷可信度分析。

问卷调查法是人力资源管理诊断常用、有效的方法之一。用于诊断图书馆运营状况和分析单个人力资源管理部门的管理效果。

（2）量表调查法。一种标准化的等级量表，通过组织测评、职工测评、自己测评等多种途径全面调查人员管理状况的方法。

量表调查法的优点是调查项目设计严格，调查问题明确，被调查对象的意向选择比较规范，计量方法统一又合理，调查结果便于计量，便于比较分析。

（3）面谈调查法。诊断人员与少数人进行面谈，对人力资源管理乃至整个图书馆状况有较准确概念，对图书馆运转状况有较准确认识。面谈调查法是人力资源管理诊断人员，获取第一手资料的有效方法。

（4）统计分析法。统计分析法是对人力资源管理部门的有关报表用数理统计方法分析综合。

统计分析法手段较客观，所得出数据也较有说服力，可以揭示某方面变动趋势。

（5）个案分析法。个案分析法是寻找和选择典型事件、典型人物、典型单位进行人员组织结构、发展规划和开发方面的研究。

个案分析法可独立自主地进行评定，保证充分发扬民主，并从多种角度摄取信息，防止评价的片面性。

（6）图像描绘法。图像描绘法是诊断人员将分析结果加以量化形成图像让全体人员参观，听取诊断人员的解释和评论。

图像描绘法易于让职工理解，也较容易获得他们的支持。

（7）德尔菲催化法。德尔菲催化法是由诊断人员对图书馆有关方面获取数据或数据抽样，分析数据，做出带有几个探索主要方面问题的初步措施，将可供选择的处理观点制成一览表。

德尔菲催化法当步骤得到最大限度回答时，即可最后定稿，一览表要求对此提供反馈或不同意见。

3. 人力资源管理各阶段诊断实施要点

人力资源管理各阶段诊断实施要点说明如下。

（1）预备诊断实施要点：①编制预备诊断表。为初步收集图书馆人力资源工作资料设计预备诊断表的标准格式，图书馆有关工作人员正确、规范填写。②组建诊断小组。根据图书馆状况、规模、诊断人员能力及人力资源部实际情况确定，诊断人员、人力资源管理者和图书馆馆长都参加。③收集内外资料。图书馆所属行业特点、面临的市场竞争和劳务市场状况等有关信息，人力资源部提供图书馆发展、组织机构、人力资源制度及运作全套资料。

（2）正式诊断实施要点：①综合调查。调查经营概况和人力资源部状况，了解面临的问题，制定详细的调查方向。可通过与领导人员、人力资源部经理和其他有关人员面谈获取信息。②开始详细调查。根据人力资源工作的主要职责分类别、有重点地调查分析。主要是人力资源工作运作分析，事务、程序分析，有关报表统计分析等。

（3）总结阶段实施要点：①诊断人员讨论。对调查分析结果进行汇总、讨论、综合，协商改革方案。②与图书馆管理者面谈。主要讨论改革方案的内容及构想，双方相互交换意见、反复讨论，使图书馆方面了解人力资源工作中的主要症结和变革方案，同时补充、修改方案的不完整部分。③诊断报告编制与发表。汇总诊断结果，编写诊断报告书，举行诊断报告会，图书馆管理人员、全体职工和诊断人员共同参加，加深全体人员对变革方案的理解，促进人力资源改革的顺利实施。

（二）构建图书馆人力资源管理体系

为规范人力资源管理工作，营造良好的图书馆氛围，实现人力资源优化配置，提升图书馆核心竞争力，图书馆需致力于建设适合图书馆现状与发展规划的人力资源管理体系，搭建人力资源基础管理平台。

1. 健全图书馆人力资源管理职能

按人力资源管理职能及日常事务，人力资源管理体系应包括：人力资源管理战略规划；组织设计、工作分析与岗位说明；招聘、面试与录用管理；培训与开发管理；人才测评与整个职业生涯规划管理；职工绩效管理；职工薪酬、福利与激励管理；职工关系管理与合同管理；日常人事事务管理（档案管理、考勤管理、调动管理等）；企业文化建设管理。

2. 人力资源管理体系构建实施

图书馆人力资源管理体系构建实施内容及目的如下。

（1）人力资源战略规划：确保图书馆战略目标达成；确保人力提供，促进图书馆发展；指引人力资源管理方向；建立人才梯队模型。

（2）组织机构设计与完善：确保图书馆战略的实施；建立可持续承载人才的载体；优化组织机构；提高运作效益。

（3）部门职能梳理：梳理清晰各部门所需具备的职能，确保部门做正确的事情，降低失误成本；最大程度地减少部门因职能模糊而存在的"扯皮"现象，降低运作成本。

（4）岗位设置与职责描述：清晰岗位所承担的职责，确保岗位人员做正确的事情，降低失误成本；最大程度减少岗位人员因职责模糊而存在"扯皮"现象，降低运作成本。

（5）职务权限体系设计：适当授权，明确各职务权限，避免两极分化；提高管理效率，避免失误成本，控制浪费成本。

（6）工作分析与流程整改：整改、优化工作流程；提高工作效率，降低运作成本。

（7）招聘录用机制设计：建立科学实用的人才甄选与录用体系；明确招聘标准；建立科学的人才测评标准；提高招聘准确率，降低招聘成本。

（8）岗位评价：客观评价岗位的相对价值；引导图书馆的发展；平息猜疑心理；提供相对客观的"说法"。

（9）薪酬福利体系设计：建立科学的薪酬体系；规范相对客观的薪酬标准；图书馆承担的薪资总额下降；平均个人所得薪资有上升。

（10）绩效管理体系设计：建立"以绩效为导向"管理模式；降低运作成本，增加图书馆利润率。

（11）培训管理体系设计：建立完整的培训开发管理体系；确保职工能力符合岗位要求，确保岗位绩效，降低失误成本；让人力资源管理完成从保障型向主动型转变，促进图书馆发展。

（12）职工晋升渠道设计：规划职工发展空间；留住优秀人才并激励其上进；营造良好的人文环境；明确职工晋升流程；明确评估准则、晋升与淘汰标准。

（13）核心职工职业生涯规划：规划核心职工的职业生涯；确保人才发展与图书馆发展的协调；明确核心职工的发展方向；激励核心职工助力图书馆发展。

（14）职工激励机制设计：激发职工更高的工作热情，提高职工的自我管理能力；充分发挥职工的才能和创造性，提高工作效率；建立有效的激励机制，吸引人才。

（15）沟通体系设计：沟通渠道建设，提高沟通效率，降低沟通成本；明确各岗位之间沟通内容与要求，避免互相猜疑；提高信息的共享度，减少重复工作的成本。

二、图书馆人力资源管理体系内容

（一）图书馆人力资源战略规划体系

图书馆人力资源战略规划来源于图书馆业战略规划。

人力资源战略规划可以从广义和狭义两个层面来理解。广义上，人力资源战略规划是基于组织的发展战略、目标以及组织内外环境的变化，预测未来组织任务和环境对组织的需求，进而规划如何提供所需的人力资源以完成这些任务、满足这些需求的过程。这一过程涉及对人力资源的全方位考量，确保组织在不断发展中拥有充足且合适的人力资源支持。狭义上，人力资源战略规划更侧重于对人员需求和供给情况的预测与规划。它旨在根据组织的业务需求和人力资源现状，预测未来可能的人员需求，并据此进行人力资源的储备或调整，以确保组织在人力资源配置上达到最优状态。

1. 图书馆人力资源战略规划基础

图书馆人力资源战略规划是与图书馆的发展战略相匹配的人力资源总体规划，其制定是基于以下获得的信息来开展的。

（1）图书馆人力资源信息调查和分析的结果。了解图书馆与人力资源相关的基本信息，比如图书馆组织结构的设置状况、岗位的设置情况；图书馆现有职工的工作情况、劳动定额及劳动负荷情况；图书馆未来的发展目标及任务计划，生产因素的可能变动情况等。另外，还需对图书馆外在人力资源进行基本的调查分析，如劳动力市场的状况等。这些信息都是图书馆人力资源规划制定的基础。

（2）图书馆人力资源需求和供给情况预测。即对图书馆的人力资源需求与供给情况进行预测。

2. 图书馆人力资源战略规划的内容

人力资源战略规划应主要阐明图书馆人力资源需求和配置的总框架，阐明人力资源管理的原则。具体包括人力资源数量规划、人力资源质量规划、人力资源结构规划等内容。

（二）图书馆人力资源管理制度体系

图书馆如果没有完善的管理制度系统，是无法保障人力资源管理体系顺利运行的，所以，图书馆要建立适合图书馆自身发展和管理的人力资源管理制度。图书馆人力资源管理制度体系的主要职能事项及制度名称如下。

（1）工作分析与组织设计管理：工作分析实施细则。

（2）人力资源规划与计划管理：人力资源规划管理制度、人力资源供需预测办法、人力资源预算管理制度、人力资源计划实施细则。

（3）招聘管理：招聘调配管理工作制度、内部竞聘管理规定、网络招聘实施办法、猎头招聘实施规定、面试与录用管理、职工笔试管理制度、职工面试管理制度、职工录用管理制度。

（4）培训与开发管理：培训管理工作制度、培训预算控制办法、培训外包管理规定、培训项目评估办法、在职人员培训规定、职工外派培训制度。

（5）薪酬福利管理：薪酬激励管理制度、公司基本组织结构规定、职工福利管理制度、公司职务权限设计规程、职工奖金管理制度、岗位职级与任免管理制度、职工提薪管理办法、新职工核薪及升迁细则、兼职任职工资管理办法。

（6）绩效管理：绩效管理工作制度、绩效考核实施细则。

（7）劳动关系管理：劳动合同管理制度、新职工转正管理规定、劳动安全卫生管理办法、劳动争议处理管理规定、职工满意度管理制度。

（8）人事事务管理：职工日常行为规范、职工离职管理制度、人事档案管理规定、职工出差管理规定。

（9）人员测评管理：人员测评管理制度、测评方法选择规定。

（10）职业规划管理：职业生涯管理制度、职业发展通道规定。

（三）图书馆人力资源管理运营体系

图书馆人力资源运营体系的管理，主要包括图书馆人力资源管理组织与实施管理、人力资源管理改进两个方面。在人力资源管理运营管理的整理系统中，图书馆应按照规范的操作程序和运营标准开展工作。

1. 图书馆人力资源管理组织与实施管理

图书馆人力资源管理组织与实施管理，主要是对人力资源的各个业务模块的具体内容组织实际工作运营，并进行有效安排和管理。

2. 人力资源管理改进

在人力资源管理组织与实施管理中，应及时发现人力资源管理的问题，提出改进措施，并予以实施。

第三节　大数据环境下图书馆知识服务团队建设

　　大数据、云计算、物联网、人工智能和第五代移动通信网络等新科技的迅速发展，为图书馆在信息技术应用方面的发展带来了新的机遇。在全球信息化环境下，图书馆要全面应对信息获取、教育、隐私、公众参与和技术改造等方面的变化。"未来的图书馆致力于促进知识流通、创新交流环境、注重多元素养和激发社群活力。"[①] 随着海量信息数据采集和存储需求的增加，以分析和挖掘数据的深层价值，构建新型学术信息生态环境为核心的知识服务成为图书馆重要服务。知识服务是面向知识内容的服务。在大数据环境下，图书馆知识服务的内容更加宽泛，包括数据分析、数字人文、研究支持、智能化参考咨询等。国家图书馆编制的专题研究报告系列产品《食药决策参考》、上海图书馆开发的数字人文众包项目、东北师范大学图书馆编制的心理学专业 ESI 数据分析报告等，都是大数据时代图书馆人利用智能工具提供知识服务的典型案例。当前，图书馆开展的知识服务主要由为数不多的、专业互补的、愿意为共同目标而相互协作的专业人员组成团队开展。广义上的知识服务团队包括学科服务团队、咨询团队、学术服务团队等多种形式。知识服务团队作为提供知识服务的中坚力量，其能力和水平的高低直接影响知识服务质量。因此，如何提升知识服务团队的能力和水平，一直以来都是知识服务研究的重要内容之一。

一、知识服务团队建设研究现状

　　1999 年，国内学者任俊为发表《知识经济与图书馆的知识服务》一文，成为国内图书馆研究知识服务的开篇之作。目前国内学者主要提倡采用人力资源管理手段，提升团队服务，其研究主要从以下方面入手。

　　在管理理论研究层面，一些学者强调通过深入开发人力资源，以提升知识服务水平；另有学者主张运用人力资源管理的理论框架，如"人性假设"论和

---

① 吴建中. 走向第三代图书馆 [J]. 图书馆杂志，2016（6）：4.

"木桶原理"，以指导团队建设，确保团队效能最大化。此外，还有学者指出，包容型领导方式能够积极塑造学科服务团队的心智模型，进而增强团队的创新绩效。

在激励机制层面，学者们提出了多种策略。有观点认为，通过引入竞争、激励和考核机制，能够有效构建具备高素质和专业知识的学科服务团队。还有学者建议成立专门的激励协调小组，对图书馆咨询团队进行定期评估，以激发团队成员的主观能动性。同时，建立共享激励机制和沟通机制，促进知识共享环境的形成，也被视为提升学科服务团队水平的关键手段。

在团队文化研究层面，学者们普遍认同一个观点，即相互信任、平等宽松的环境能够激发团队协作，实现共赢。他们建议，应以人为本，以共同的文化理念为基石，推动团队的人才培养。同时，人才因素和文化因素被视为团队建设的重要驱动力。传播共享机制和激励措施在学科服务团队发展中也起着不可或缺的作用。此外，授权馆员进行自我管理，培育自我管理团队文化，也是促进学科服务团队健康发展的重要策略。

美国图书馆界在知识服务团队建设领域的探索与实践代表着国际先进水平，因此本书以美国为例探讨国外知识服务团队建设。美国图书馆学界倡导利用选聘、培训、考核、身份认同等职业建设手段，提升馆员综合素养，增强馆员团体胜任力，以此促进知识服务团队发展。

首先，规范选聘机制。美国图书馆于 20 世纪初就开始实施职业资格认证制度，目前分为图书馆学高等教育认可和各类图书馆员职业资格认证两部分，各州职业资格认证制度的类型不同，大部分以学历教育为主，以取得美国图书馆协会承认的图书馆学或情报学硕士以上学位为基本条件。美国大学图书馆规定，提供研究支持、智能化参考咨询、信息素养教育等知识服务的全职馆员必须获得美国图书馆协会认证的图书馆学信息学硕士学位，而数字人文馆员的岗位任职条件更是以获得人文学科博士学位优先。

其次，重视教育培训。例如，伊利诺伊大学的 iSchool 推出的"LIS 490IL"课程，以及华盛顿大学的"LIS 567"课程，均旨在为知识服务馆员提供关于创客空间建设的专业指导。康奈尔大学图书馆不仅提供多样化的培训项目，还设立了学习基金和教育援助，以支持馆员的继续教育和职业发展。普林斯顿大学则注重培养馆员的自主学习能力，通过自我导向学习过程模型，鼓励馆员进行自主性学习。此外，该校还为馆员提供了丰富的课程教育、研讨会、技能培训以及参与研究项目和专业组织的机会，旨在促使馆员将所学技能有效地应用于工作实践中。这些举措共同构成图书馆界重视教育培训的生动写照。

再次，严格考核制度。对馆员实施周期性工作考核，考核内容包括工作职责、工作技能、任职贡献程度、创新理念、参加的继续教育课程、学术活动及发表的学术论文数量等。从事知识服务的馆员还需考评沟通能力、判断能力和独立处理问题的能力。考核结果生成报告记入个人档案，作为晋升或奖励的依据。加州大学伯克利分校图书馆推进的馆员自我评估项目，从管理能力、规划与组织能力、团队合作与沟通能力、解决问题及服务质量改进能力等方面考核馆员表现，鼓励他们有意识地提高核心能力和技能。

最后，增强馆员身份认同，强化馆员归属感，也是美国图书馆员职业建设的重要内容。美国大学图书馆为新进馆员提供职前、职初、入职一年内、入职满一年四阶段的培训计划和方案，帮助馆员尽快适应工作岗位，提高他们的职业认同感和归属感。大学图书馆的专业馆员在教学、科研方面也与大学教师拥有同等地位和机会，享受同等待遇。

综上所述，当前国内关于图书馆知识服务团队的研究正处于起步阶段，主要围绕团队管理与组织建设方面开展研究，内容涉及管理内容、管理模式以及管理手段等多个方面，侧重利用激励、考核、协作等人力资源管理手段提高知识服务团队建设水平。许多研究的理论性和前瞻性不够，也没有关于知识服务团队系统化、规范化建设方面的研究，这与知识服务团队事业发展是不匹配的。

二、阶梯式知识服务团队建设模型

根据组织生命周期理论，团队作为组织的一种形式，其发展必定经历产生、生长成熟、衰退消亡三大阶段。团队产生阶段，人力资源管理水平较低，组织分工与人员分工不明确，随着团队发展，人力资源管理步入正轨，正式规划和管理逐渐形成，人力资源管理规则和体系的持续变革与改进，会促使团队不断发展提升；反之，固化的人力资源管理规则与体系则将导致团队发展势头变弱，走向下坡。

阶梯式知识服务团队建设模型紧密遵循组织生命周期理论，通过灵活运用人力资源管理策略，以持续改进为核心理念，结合目标管理与过程管理工具，推动知识服务团队向卓越水平迈进。该模型将团队成长划分为四个关键阶段：构建期、发展期、成熟期和提升期，每个阶段均设有等级层、目标层和操作层，分别负责界定发展阶段、明确发展方向和规划实现路径。

在构建期，团队刚刚起步，人力资源管理水平尚处于初级阶段，此时的重点在于搭建稳固的团队框架，为后续发展奠定坚实基础。随着团队进入发展期和成熟期，核心能力的培养和开发成为重中之重，这一阶段的目标是形成团队独特的竞争优势和业务能力。

当团队迈入提升期，人力资源管理水平达到巅峰，团队将实现持续的发展与提升，成为业内翘楚。阶梯式知识服务团队模型旨在通过不断提升人力资源管理效能，增强团队成员的专业能力和素质，从而打造具备核心竞争力的知识服务团队，推动图书馆知识服务水平迈上新台阶。

为方便实践操作，操作层在结合团队发展阶段的基础上，围绕人力资源规划、个人能力发展、考核与激励、文化塑造四种人力资源管理手段，将具体步骤展开生成纵向和横向两条主线。"纵向主线围绕人力资源管理手段，为每种管理手段提供清晰的提升路径，横向主线围绕团队不同的发展时期，为每一时期的团队建设提供全方位的发展规划。"[①]

三、阶梯式知识服务团队在各发展时期的目标

（一）构建期

构建期的基本目标是建立团队框架，用人力资源管理制度有序开展人力资源管理实践，带动团队事业前进。构建期重点关注成员招录与淘汰、成员培训、绩效考核、沟通协调四个方面。

团队带头人是知识服务团队的灵魂与核心，选拔合适的团队带头人是成员招

---

① 陶丽，张群，陈翔燕. 大数据背景下图书馆知识服务团队建设研究 [J]. 新世纪图书馆，2020（10）：19.

录与淘汰环节的重要建设内容。通过建立人才配置计划与规范，强调团队带头人的组织领导能力，赋予他们更多的职权，实现成员协调管理；采用团队带头人负责制，在图书馆内部招募学识、能力与岗位要求相匹配的人才，确保成员能力与岗位设置相匹配；淘汰不适应岗位要求的成员，保证团队整体人员的高素质和高水平。

成员培训是提升团队整体实力的关键环节，能够促使团队成员不断更新知识、技能和素质，激发自学意识，培养终身学习的良好习惯，从而为团队营造浓厚的学习氛围。培训的形式和内容丰富多样，包括岗前培训、在职培训、脱产培训等多种方式，以及集体会议、专题讨论、专家报告和经验交流等活动。每年都精心制订培训计划表，严格按照计划执行培训任务，确保培训取得实效。

绩效考核则是衡量团队成员工作绩效的重要手段，它以工作目标为基准，客观评价成员是否达到预期的工作效果。每位团队成员都拥有明确、稳定且客观的绩效目标，这既确保了考核的公正性，也为成员指明了努力的方向。绩效考核不仅关注结果，更重视过程，力求全面、合理地反映成员的真实工作情况。同时，会及时将考核结果反馈给成员，作为奖励或改进的依据，促进团队成员不断进步。

团队内部应经常以报告、讨论和交流的形式开展沟通，使信息在团队间顺畅传递，为团队组织变革奠定基础，确保成员分工明确，协作良好，人、财、物等资源分配合理，使用率高，团队功能良性增长。

经历构建期后，团队建立人力资源管理基本制度和规则，人事规章制度完备齐全，人事决策程序层次分明、概念清晰、程序明了，具可操作性。规范化的管理使得团队处于稳定状态，团队发展目标明确，人员流动率低，成员各司其职、紧密合作，积极向上的组织文化初现雏形。

（二）发展期

发展期致力于构建团队核心能力，打造资源、人才优势，关注的重点内容包括人力资源配置计划、职业技能提升、职业开发、共享式文化。

人力资源配置计划着眼于规划团队当前以及未来一段时间的人力资源配置，人力资源配置与团队战略目标、发展规划协调统一，具备稳定性和延续性，组建梯形人才结构。

在职业技能提升方面，构建期成员培训的核心内容得以延续，并进一步升级培训层次。将原先以胜任工作为主的基础类培训，深化为以熟练掌握岗位技能和专业为主的专业技能培训，旨在将每位成员培养成业务领域的专家，让他们在专业技能上有所突破和建树。

同时，成员的职业发展也受到高度重视。通过提供能力发展机会和事业发展平台，建立并定期跟踪每位成员的职业发展计划，确保提供的培训机会与他们的个人发展目标紧密相连。此外，个人发展计划与职务职称晋升标准相结合，为成员量身定制个性化的晋升路径，助力他们实现职业生涯的稳步上升。

在文化建设方面，基于构建其所营造的开放式沟通交流氛围，每位成员的独特特长和技能得到进一步发挥。团队内部信息交流畅通无阻，形成鼓励参与管理、倡导创新、激发创造力的人文环境。这种共享式文化不仅有助于提升团队的凝聚力和向心力，更为成员的个人成长和团队的整体发展提供了有力支持。

发展期实现了团队核心能力的培养，处于该时期的团队核心能力初步成型，成员个人得到良好发展，彼此间和谐共处，内部激励与创新氛围形成。

（三）成熟期

成熟期的团队致力于开发核心能力，开展人力资源开发，拓展已有人力资源能力。成熟期的关注重点是职业生涯规划、能力资产化、量化式绩效和组织凝聚力。

职业生涯规划重视成员个人能力发展，实现职业生涯规划与团队发展目标一致，将团队发展计划与成员职业生涯规划融合，成员在实现个人成长和发展的同时带动团队的成长和发展，实现个人与团队发展的双赢。

能力资产化将成员的隐性知识，包括经验和能力等固化为团队知识资产，为组织内其他成员使用，实现内部知识资源共享。团队鼓励知识共享，重视知识收集、整理和归纳更新，建立知识共享平台，促进隐性知识显性化，将知识资产作为团队重要资源。

量化式绩效管理，吸取了丰富的历史工作经验，巧妙地将绩效目标转化为具体可衡量的指标，为团队的核心工作设定了坚实的绩效基线。这一策略使得团队能够依据基线精准地规划并评估工作进度，实现对工作走向的精准预测和高效管理。通过这种量化方法，团队能够对工作过程实施细致的控制，精准把握关键工作的进展脉络，确保团队有限的精力能够聚焦于最为重要的环节，实现资源的最大化利用。

为了推动团队目标的达成、高绩效组织的建设以及高效学习氛围的营造，精心制定一系列制度与政策。这些措施旨在促进成员间的良性竞争，激发团队的活力与创新力，从而进一步加速组织凝聚力的形成。通过这些制度的实施与政策的引导，团队成员将能够携手共进，共同迈向更加辉煌的未来。

发展期实现团队核心能力的开发，成员的知识和能力成为团队重要资产，团队凝聚力在业务开展中发挥越来越重要的作用，组织文化成为提高工作效率的有效手段和精神动力。

（四）提升期

处于提升期的团队，每位成员都具备持续提升能力的自觉性，人力资源管理实践活动持续发展，组织文化氛围良好，团队管理不断发展和变革。

管理创新持续提升是指基于团队绩效管理评价机制，及时识别和评价创新实践和技术，并加以推广应用。

个人组织绩效一致性是指增强成员与团队之间工作绩效及目标的匹配度和一致性，着眼于结合绩效评估的各个成分，建立团队内部绩效管理系统，使团队成为拥有共同奋斗目标的整体。

能力的持续提升是成员持续发展的前提和保障。通过持续改进成员工作流程，能够实现成员工作能力和绩效的提升。成员按规范化流程开展工作，通过学习培训提高工作效率和能力；成员间配合良好，团队运作效率处于持续提升状态。

在团队的提升期，通过持续的工作过程改进，团队的整合度逐渐增强，凝聚力和工作能力也得以显著提升。团队成员积极分析、学习，不断提升个人能力，共同营造规范化、有序化的人文环境。提升期并非团队建设的终点，而是团队迈向更高层次的新起点。

随着时间的推移和内外部条件的变化，团队在发展过程中会遇到新的问题、冲突和挑战。然而，只要将持续改进和提升作为指导思想，团队便能确保创新发展永不停步，持续焕发新的活力。这种持续改进的精神是团队永葆青春、持续前行的关键所在。

四、知识服务团队的建设对策

当前我国图书馆知识服务团队建设正处于尝试和探索阶段，还需要在知识服务实践中不断完善。仔细思考、统筹规划团队建设是提供高质量知识服务的有力保障，也是建立合格高效的知识服务团队的必然要求。

（一）重视成员发展

随着知识服务工作的不断深入，用户信息素养及需求的专业性不断提高，知识服务团队将不断遭遇新问题、面临新挑战，唯有重视成员发展，保持创新和变革精神，才是维持团队高质量发展的有力保证。重视培养成员学习意识，培养主动学习习惯，自觉将工作和学习融为一体，从个人学习开始，带动形成团队学习氛围，让学习意识和习惯贯穿工作始终重视成员培训，提高成员综合素质和业务水平能力工作责任感与使命感，激发创造力与潜能。通过规范培训制度，明确培训目标，制订培训计划，保证培训的有效性，进而提升成员能力，实现团队整体能力提升。关注成员职业生涯发展，制订成员个人近期、长期职业发展规划，借助培训、教育、经验交流、学习指导等形式，帮助成员胜任岗位，为成员能力提升创造条件。

（二）采用有效激励手段

开展绩效管理，采用多种激励机制，能有效激发成员活力，调动成员的积极性和创造性，促进团队能力的拓展和竞争力的提升。首先，馆内政策倾斜，在职称晋升、年底评优、先进推选等方面优先考虑知识服务团队成员。其次，加大绩效考核。团队按照"按劳分配、多劳多得"的原则，合理设置薪酬分配方案，将技能和绩效作为薪酬分配的主要依据，加大绩效考核比例调动成员积极性。如厦门大学图书馆坚持"看基础，考增量；看发展，考突破；看状态，考贡献"[①] 的绩效考核原则，激励和推进图书馆服务，特别是知识服务团队等关键性业务的开展。再次，明确岗位职责。明确设置岗位职责和内容，制定成员近期、中期和长期岗位目标，促进成员通过努力实现工作目标，体现个人价值。最后，鼓励成员参与管理。通过参与团队管理与建设，让成员获得归属感与认同感，激发其主人翁意识，调动他们的积极性、主动性与创造性。

（三）营造积极进取的团队文化

团队文化作为团队精神的精髓，具有强大的凝聚力和影响力。一个积极进取的团队文化能够激发每位成员为实现个人价值而努力，并为整个团队注入生机与活力。在这样的文化氛围下，成员们更加注重整体协作能力的提升，推动团队内部显性知识与隐性知识的有效整合、开发与共享。这种知识共建共享的文化氛围，赋予团队持续创新与发展的强大动力，确保团队始终走在行业前列。

此外，为进一步提升团队知识服务品牌的影响力，团队将充分整合图书馆的制度、组织和人才优势，倾力打造独具特色的知识服务品牌。同时，利用网页、微博、微信、直播平台等新型多媒体手段，搭建起集服务展示与工作成果展示于一体的综合性平台。通过这一平台，团队将全面展示其服务内容，强化在知识服务领域的地位与影响力，为团队的可持续发展奠定坚实基础。

第四节　大数据环境下图书馆人力资源管理建议

图书馆是用于收集、整理保存、传播各种文献并将其应用于教育教学、文化及科研的重要信息技术研究基地。大数据现已成为世界各国用于发展经济的新的"天然资源"。传统的信息存储技术和定量、定性的分析方法已远远满足不了读者多元化、个性化的需求，因此，引入大数据技术来解决供需矛盾势在必行。数据的研究和管理将成为图书馆员最重要的能力之一。对于图书馆来说，加强人力资

---

① 陈丽娟，陈滨，刘海霞. 厦门大学图书馆的绩效考核评价体系 [J]. 图书馆论坛，2020, 40 (1): 149.

源管理工作的改革创新是重要的，更是迫切的。

一、大数据对图书馆人力资源管理的影响

随着大数据时代的来临，图书馆的业务功能得到了显著拓展。在继承传统服务的基础上，图书馆还须承担起对馆内信息资源的深度分析与总结工作。由于信息载体日益多元化，如虚拟网络、计算机等的广泛应用，图书馆不仅要收集、整理并保存各类音频、视频资料，还须对读者信息、阅读数据等进行系统整理和分析。这一变化要求图书馆进一步完善其业务功能，以适应大数据环境下的新需求。

与此同时，随着信息技术的广泛应用，图书馆的信息资源正逐步走向智能化。图书馆的服务工作也从原先的手工操作逐渐过渡到自动化操作，传统的简单人工管理正逐步被先进的计算机管理所取代。这一转变对图书馆工作人员提出了更高的要求，他们不仅需要掌握图书馆的基本业务知识，还需具备强大的数据分析、管理及应用能力。

显然，大数据时代对图书馆馆员的素质需求构成了人力资源管理的新挑战。为了适应这一变革，图书馆必须加强对馆员的培训和教育，提升他们的专业素养和数据分析能力，以确保图书馆能够在新时代中保持其服务质量和竞争力。

二、大数据时代高校图书馆人力资源管理面临的困境

大数据要求图书馆不但能够通过结构化数据了解现在客户需要什么服务，也能够利用非结构化数据、半结构化数据深度挖掘图书馆与用户之间正在发生什么，以及预测和分析将来会发生什么，从而使图书馆能够找到更好的服务模式，这就要求图书馆具备与之相适应的人力资源管理水平。但目前国内绝大部分图书馆还存在以下困境。

（一）图书馆现有体制机制不适应大数据时代发展的需要

现有图书馆多囿于传统的实体图书馆建设，以及纸质图书资源的管理维护，忽视或没有高度重视全面融合图书资源基础上的网络数字图书馆建设。缺乏外向型的信息管理机制，仅沉浸于内部资源管理、传统的业务流程和资源结构划分模

式；缺乏与相关部门的合作，没有完全建立起面向用户快速反应的管理机制和以自动化为中心的新的业务模式。没有成立或成立了形同虚设的专门的数据管理机构，无法对数据进行管理，没有制定统一的数据管理使用政策，无法协调校内外与大数据有关的工作。管理体制简单落后、机制不灵活影响人力资源管理的有效性和时效性。

（二）图书馆人力资源现状不适应大数据时代发展的需要

图书馆很多在职人员都是在改革发展中转岗或安置的人员，没有专业背景，有的年龄还偏大。他们业务管理水平不高，而且管理手段模式单一，甚至缺乏服务意识，有混日子的现象，这从根本上制约了人力资源管理工作的效果。有的图书馆虽然引进了一些专业人才，但因人数少或缺乏领导，形不成团队，处于单打独斗或被边缘化的状态，造成人力资源的浪费。图书馆人力资源现状与网络化和数字化图书馆的建设是不相适应的，无法满足大数据时代图书馆发展的需要。

（三）图书馆现有人力资源考核制度和评价体系不适应大数据时代发展的需要

图书馆在管理体制上沿袭了封闭式管理模式，导致竞争和激励机制不够完善。人力资源管理深受"人治"影响，缺乏公平竞争的环境。这种传统的管理理念使得工作人员往往只能提供低层次、消极等待的被动服务，读者也经常反映服务态度不佳、服务水平不高的问题。

同时，考评制度和评价体系过于笼统，缺乏具体性和针对性，使得图书馆馆员在工作中缺乏危机感，难以体验到事业的成就感。他们对自己所从事工作的前途感到迷茫，缺乏明确的奋斗目标，从而失去了进一步创新发展的主动性和动力。

然而，大数据时代对图书馆人员提出了更高的要求，需要他们不断学习和创新，成长为复合型人才。但当前图书馆的考核制度与评价体系显然与这一需求不相适应，束缚了人力资源的发展，无法满足大数据时代图书馆的发展需要。因此，改革管理体制、完善竞争和激励机制、优化考评制度和评价体系，成为图书馆亟待解决的问题。

三、大数据时代图书馆人力资源管理的对策和建议

（一）健全适应大数据时代发展需要的图书馆管理体制

图书馆在大数据时代中呈现出两条发展轨迹。一条即传统的实体图书馆建设，以及纸质图书资源的管理维护；另一条则是在全面整合图书资源基础上的网络数字图书馆建设。实体图书馆建设经过多年发展已经取得了一定的成绩，而网络图书馆建设还处于探索成长期，图书馆要坚持两者的协同发展，建立起适应大数据时代发展需求的管理模式：实体图书馆抓素质、强能力、硬管理，为读者提供优质的服务；网络数字图书馆抓创新、强团队、硬技术，为读者提供丰富的资源。这就要求完善机制，优化图书馆现有人力资源管理结构，成立专门的数据管理机构，对数据进行管理，制定统一的数据管理使用政策，研究解决大数据的采集、存储及处理等相关技术问题，协调校内外与大数据有关的工作。

（二）建立适应大数据时代发展需要的图书馆人力资源队伍

大力培养能够运用大数据进行图书馆管理的人力资源队伍，是大数据时代图书馆工作的生命线。具体应该从以下几个方面着手：

一是培养大数据人才。大数据时代，图书馆的核心竞争力取决于拥有数据的规模、活性及对数据的捕获、过滤、分析、挖掘和利用能力。对于图书馆来说，培养一批熟练掌握数学、统计学、数据分析等多学科知识的专业人才不仅是重要的，也是迫切的。

二是引进高层次人才。在大数据时代，图书馆的发展对人才的需求日益多元化，尤其需要具备跨学科背景的复合型专业人才，以及拥有国际视野的高端管理人才。为此，应加快步伐，积极引进信息化与图书馆管理领域的交叉学科专业人才，同时加强与国际交流与合作，引进国外高端图书馆管理人才。这些高层次人才不仅能够为图书馆带来先进的管理理念和技术手段，更能指导现有馆员适应大数据时代的图书馆管理工作，推动图书馆在信息化、智能化方面取得突破，为师生提供更加高效、便捷的服务。

三是大力开展人力资源培训工作。图书馆应结合自身实际制订详细的人力资

源培训计划，持续加大资金投入，切实做到根据工作需要开展各类培训，培养一支专业扎实、思想政治素质高的图书馆人力资源队伍。

（三）完善适应大数据时代发展需要的考核和评价体系

面对大数据时代图书馆的馆藏功能和服务不断发展变化的新形势，须建立健全与之相适应的考核和评价体系，打造人性化人力资源管理。

一要树立和提升绩效管理理念。"图书馆绩效管理能否得到有效贯彻实施，必须有与大数据时代特征相适应的先进理念作指导，充分体现信息化的特点，绩效评价引入大数据。"[①] 图书馆实行馆员绩效评价结果，必须作为图书馆人员任用、调配、职务升降、人员培训和激励的依据。

二要科学设定馆员绩效评价指标。在大数据时代背景下，图书馆实施馆员绩效评价应当紧密结合其岗位管理体系，精准确定各类岗位的评价指标、标准与效果。一般而言，图书馆的岗位主要划分为管理岗、专业技术岗和工勤岗三大类别。由于各部门的工作性质、职能、任务及工作标准各异，馆员在素质、能力和工作表现等方面的要求也各不相同。因此，绩效方面的侧重点和权重也应有所区别。因此，在制定图书馆人员工作职责和绩效考评指标体系时，应按岗位性质分类设计或制定不同的考核指标。

三要认真开展馆员绩效评价工作。成立馆员绩效评价小组，评价小组成员除馆领导外，还应由部分馆员代表参加，馆员代表中有不同的部门、岗位，甚至不同的年龄或不同的职务等。在人力资源管理理论中，行为锚定等级评价法、目标管理法、关键事件法、360度绩效评价法都是比较常用的绩效考核方法。各种考核方法在实际应用中都具有各自的利弊和特色。各图书馆应积极探索适合自己的评价方法。

---

① 陈曼煜. 大数据时代高校图书馆人力资源管理探析 ［J］. 中国经贸导刊（理论版），2016（9）：44.

第六章 大数据环境下图书馆资源质量管理

第一节 图书馆资源质量管理的内容及原则

一、图书馆资源质量管理内容

全面质量管理理论特别强调管理过程中质量控制的核心地位和决定性作用，强调人对质量控制的支配意义，认为质量既是科学管理的一种饱和措施，又是实施科学管理的一种目的和要求。几十年来，全面质量管理理论风靡全球，流行于各行各业，对提高各个领域的产品质量和服务质量起到了巨大的推动作用。

全面质量管理（Total Quality Management，TQM）是指一个组织以质量为中心，全员参与为基础，目的在于通过让顾客满意和本组织所有成员从社会受益而达到长期成功的管理途径。质量管理作为一种先进的管理思想和方法，在大学图书馆管理领域也有着广泛的应用前景。20 世纪 80 年代质量管理引起了一些大学图书馆学者的注意，到了 90 年代，全面质量管理已成为大学图书馆学的重要研究主题之一。

自 20 世纪 80 年代起，图书馆界开始将全面质量管理的理论融入其管理体系中。研究普遍表明，图书馆的核心宗旨是为读者（顾客）提供卓越而高效的服务，这与全面质量管理所强调的以顾客为中心和持续改进服务质量的理念不谋而合。图书馆实施全面质量管理，旨在确保和提升其信息服务的质量。在这一过程中，图书馆动员所有部门和员工积极参与，通过培训提升员工在思想、方法和技能方面的能力。同时，综合运用管理技术、专业技术、科学方法、思想教育和经济等多种手段，建立起完善的服务质量保证体系，对服务全过程进行有效监控。这样，图书馆能够以最低的成本，提供令用户满意的信息产品和信息服务，并通过持续改进，不断提高服务质量，实现管理的持续优化。

（一）图书馆全面质量管理的概念

图书馆全面质量管理，可以表述为图书馆以全面质量为中心，以各部门、各层次和全体员工参与为基础，通过综合运用现代管理技术、专业技术和现代化设备，建立健全质量保证体系，对各个业务流程的设计和运行进行全面控制，做到以最经济的方式提供给读者最满意的信息产品与信息服务，使读者、图书馆的全体员工和社会都受益，从而达到长期成功的管理途径。

（二）图书馆全面质量管理的内容

图书馆的全面质量管理，指的是图书馆为了能够提高服务质量、信息传递能力以及馆藏量，针对各个部门制定的，运用专业的管理理念、教育理念以及经济手段和科学技术来设置的一套全面的质量体系。

1. 图书质量管理

图书资源是图书馆的灵魂，提高图书馆管理质量首先要从提高图书管理质量开始。图书品种是否完备，图书更新速度快速与否，图书的保管是否妥善，都能够体现图书馆图书质量的管理水平。

2. 服务质量管理

图书馆本质上是一个行政服务机构，它存在的根本目的就是为读者的学习和工作服务。因此，图书馆人员的服务质量是图书馆全面质量管理中重要的方面。在图书馆全面质量管理中，只有稳步提高图书馆人员工作质量，才能够真正健全质量管理制度。

3. 信息质量管理

随着21世纪科学技术和现代化技术的发展加快，很大一部分图书馆都需要扮演信息传递载体的角色。读者常常需要在图书馆了解信息，因此，大部分图书馆建立了电子阅览室和网络图书馆。无论是网络服务还是网上资料下载，都离不开图书馆信息质量的管理。所以，在图书馆全面质量管理中，对于信息质量的管理也是不能忽略的一部分。

(三) 图书馆全面质量管理的特点

1. 全员参加

全面质量管理的成功,在很大程度上依赖于全体工作人员对其的接纳与认同。在现代图书馆中,一线工作人员对各项业务工作的了解最为深入,深知工作环节中潜藏的问题,因此,他们的意见和建议至关重要。全面质量管理并非仅是少数管理者的职责,它需要图书馆从上至下的全员参与,从高层领导者到普通员工,每个人都应投身质量管理。

全面质量管理旨在激发每位员工的积极性与创造性,使每个人都能明确自己在质量管理体系中的重要角色,以主人翁的姿态积极面对工作中的各种挑战。同时,图书馆应营造人人关注服务质量、人人对服务质量负责的氛围,让每位员工的才能得以充分展现,真正体现以人为本的管理理念。这样,不仅能够确保服务质量的持续提升,还能构建更加和谐、高效的图书馆工作环境。

2. 全面质量管理是一种过程管理

图书馆所提供的信息产品不管是传统的纸质文献信息,还是一些网络文献信息,都存在收集、生产、提供利用这样一个过程链条,每个工作环节的工作人员既是上一个环节的用户,又是下一个环节的供应者。链条中的每一个环节都为产品的质量形成作出了贡献,要获得图书馆的高质量服务,必须对每一环节进行控制,消除各环节中的不合理因素。一旦发现问题要及时纠正,这样才能保证图书馆能拿出高质量的信息产品和服务来满足最终用户(读者)的需求。

3. 强调数据记录

数据是质量管理的基础,也是处理质量问题的依据。全面质量管理强调凡是与质量有关的工作都要做记录,在有记录的基础上,采用科学的方法,对数据进行统计分析,通过合乎逻辑的分析得出结论,从而为管理者作出正确的决断提供可靠的依据。其目的是坚持实事求是的作风,让数据说话,从而改变凭主观印象、凭感觉、凭经验的工作方式。

4. 重视用户(读者)满意程度

服务是贯穿图书馆发展的主线,是图书馆的核心价值观。自从计算机和网络技术在图书馆得到充分应用后，传统图书馆原来存在的问题（比如开放时间受到限制、文献与读者存在"地理间隔"）已得到缓解，许多计算机用户（读者）不用到图书馆便随时可以获取其所需要的信息。尽管信息技术的发展改变了读者利用文献与图书馆的方式，但图书馆服务的宗旨没有改变。图书馆发展的最终目的是为社会与读者提供更好的服务，失去了读者，图书馆就失去了生存的意义。因此，图书馆仍然需要把为读者提供更好的质量服务放在工作首位。读者满意的服务就是高质量的服务，读者不认可的服务，无论其是否达到技术标准和规范，都将被认为是劣质的。

5. 持续改进

随着互联网技术的迅猛进步，各行各业正经历着深刻的改革，越来越多的部门正逐步融入市场经济，与国际标准接轨。与此同时，计算机用户（读者）对图书馆的期待也在日益提升。因此，图书馆人员必须迅速适应这一新形势的变化，对自己提出更高的职业要求。持续改进不仅是图书馆发展的永恒目标，更是其不断前行的动力。

与我国目前实行的图书馆评估制度相比，全面质量管理更加注重图书馆的可持续发展。它认为，"最好"只是某一时刻的标志，而"更好"才是图书馆不懈追求的目标。ISO9000 质量认证体系更是设立了"有效期"制度，通常为三年。这意味着，在通过 ISO9000 认证后，不能满足于现状，更不能停滞不前，必须持续寻找存在的差距和问题，继续努力，不断完善全面质量管理体系，以提升服务质量，满足读者日益增长的需求。

二、图书馆全面质量管理的原则

所谓图书馆全面质量管理，是指图书馆为保证和提高信息服务质量，动员图书馆的各个部门和全体员工，综合运用管理技术、专业技术、思想教育、经济手段和科学方法，建立健全服务质量保证体系，对服务的全过程实行有效控制，从而经济地开发、生产和提供用户满意的信息产品与信息服务，做到最适质量、最低消耗和最佳服务，最终实现不断提高服务质量的目标。

（一）图书馆全面质量管理体系的原则和特性

1. 图书馆全面质量管理体系的原则

图书馆开展全面质量管理活动应遵循一定的原则，依据相关原则来制定管理方针。图书馆构建全面质量管理活动主要包括用户满意、用户评价、持续改进、过程概念四个原则。

（1）图书馆要坚持用户满意原则。图书馆管理活动的最终目标是满足广大用户的需求，其服务对象是所有的读者，要提高图书馆的工作质量就要对用户高度负责，充分利用现有的各种资源，采取多种方式，制定符合用户需求和期望的管理方针，用最丰富的资源、最优化的效益来最大限度满足目标用户的需求。

（2）图书馆要坚持用户评价原则。用户评价在衡量图书馆质量方面发挥着至关重要的作用，同时也是推动图书馆事业不断前进的关键因素。用户的客观评价为图书馆提供了持续改进工作的有力依据，是图书馆在决策过程中的重要参考。同时，用户评价的结果也是图书馆在构建信息资源、处理重大决策、制定管理规则以及评估馆员工作等方面不可或缺的依据。因此，重视并认真倾听用户的声音，对于图书馆的优化与发展具有极其重要的作用。

（3）图书馆要坚持持续改进原则。随着社会不断发展，科技、信息技术水平不断提高，用户对信息资源需求呈现出多元化、多层次的趋势，所以图书馆必须适应大环境的变化，对全面质量管理体系进行不断更新和改进，让管理系统呈现动态化的状态。

（4）图书馆要坚持过程概念原则。图书馆要用标准过程来控制管理的质量。全面质量管理体系要制定相应的管理制度，对每项工作、每个馆员、每个管理环节都制定出标准的规定，使得图书馆的工作能够有章可循，能够控制工作流程、环节正常运转。

2. 图书馆全面质量管理体系的特性

（1）符合性。有效开展质量管理必须设计、建立、实施和保持质量管理体系。组织的最高管理者对依据 ISO9001 国际标准设计、建立、实施和保持质量管理体系的决策负责，对建立质量合理的组织结构和提供适宜的资源负责。

（2）唯一性。质量管理体系的设计和建立，应结合组织的质量目标、产品类别、过程特点和实践经验。因此，不同组织的质量管理体系有不同的特点。

（3）系统性。质量管理体系是相互关联和作用的组合体，包括：①组织结构：合理的组织机构和明确的职责、权限及其协调的关系。②程序：规定到位的形成文件的程序和作业指导书，是过程运行和进行活动的依据。③过程：质量管理体系的有效实施，是通过其所需要过程的有效运行来实现的。④资源：必需、充分且适宜的资源，包括人员、资金、设施、设备、料件、能源、技术和方法。

（4）全面有效性。质量管理体系的运行应是全面有效的，既能满足组织内部质量管理的要求，又能满足组织与顾客的合同要求，还能满足第二方认定、第三方认证和注册的要求。

（5）预防性。质量管理体系应能采用适当的预防措施，有一定的防止重要质量问题发生的能力。

（6）动态性。最高管理者定期批准进行内部质量管理体系审核，定期进行管理评审，以改进质量管理体系；还要支持质量职能部门采用纠正措施和预防措施改进过程，从而完善体系。

（7）持续受控。质量管理体系所需求过程及其活动应持续受控。质量管理体系应最佳化，组织应综合考虑利益、成本和风险，通过质量管理体系持续有效地运行使其最佳化。

（二）图书馆全面质量管理的要素

1. 对质量的全面承诺

在全面质量管理中，"全面"二字意义非凡。图书馆若要真正实施这一管理策略，首要任务便是展现全面承诺。高层管理者必须坚决支持并执行全面质量管理的原则，确保这种承诺在图书馆各个环节得到体现。质量管理必须自上而下，高层管理者应率先接纳质量管理理念，并推动整个组织接受这一理念。若高层管理者不亲自参与，其他员工就会找到不全力投入的借口。

图书馆管理者应确保为全面质量管理提供必要的资源，致力于通过该管理策略为用户提供卓越的产品和服务。此外，应深入检查并研究图书馆的所有工作程序和过程，旨在发现质量问题的根源，而非归咎于员工。在图书馆内部普及全面质量管理的理念，使每位员工都能熟练掌握并热情投入，让承诺渗透至图书馆的每个角落。

全面承诺应体现在图书馆的使命、愿景以及长短期目标中，战略计划也应进一步强化这一承诺。高层管理者在初始阶段便应积极推动关于全面质量管理的理念、期望与利益的交流，通过多种形式宣传相关知识，确保全面质量管理在图书馆中得到广泛认可与实施。

2. 以用户为导向的服务

全面质量管理认为一个组织的质量是由顾客满意程度所决定的。当一个组织把为顾客提供满意的服务作为使命时，它自然会在实施全面质量管理中获益。长期以来，"图书馆就是社会最好的服务组织之一，图书馆员一直把为用户服务作为工作哲学。然而，随着环境的变化、社会的发展以及技术上的突破，用户对图书馆的要求也在不断发生着变化，可以说，用户对图书情报服务提出了越来越高的要求，他们渴望从图书馆获得更多样、更高级的产品和服务"[1]。因此，作为以服务为导向的组织，图书馆只有对这种不断变化的需求作出反应，不断改进服务质量，为用户提供满意的服务，才能保持自身的存在和发展。

全面质量管理强调对外部顾客（用户）的关注，但也对内部顾客，也就是图书馆工作人员的需求给予同等关注，这也正是全面质量管理优于其他管理方法的特征之一。全面质量管理认为，图书馆工作人员是图书馆最重要的资源，为用户提供满意的服务，从根本上说将来自高素质的图书馆工作人员的工作，因此，为他们提供自身发展所需要的机会和条件，是图书馆成功的关键。

作为全面质量管理的一部分，图书馆应对其所处的环境有整体了解，也就是说对用户满意水平要经常进行调查，从而了解他们不断变化的需求，并通过各种努力加以满足，只有这样，图书馆才能繁荣发展。

3. 消除重复工作

全面质量管理坚守的一个核心原则，就是持续优化工作，为用户提供价值更高的产品和服务。图书情报人员应当深刻理解，他们的工作是与用户的切实需求

---

① 刘荻，陈长英，刘勤. 现代图书馆资源管理与推广 [M]. 北京：光明日报出版社，2017：72.

紧密相连的，而非简单地遵循固定模式执行既定任务。

全面质量管理强调图书馆应根据用户的实际需求，精简工作流程，消除冗余环节，确保每项工作都能一次性高质量完成，避免返工现象的发生。因为修正错误、重复无用工作或执行无法为用户带来增值的任务，不仅会造成人力、财力和物力的巨大浪费，更无法为用户带来任何实际利益。

为了改进工作流程，工作抽样是一项关键技巧。通过运用不同的抽样方法，能够有效地检查当前工作中是否存在错误或不合理之处，从而推动工作流程持续优化。

4. 协同工作

在执行全面质量管理原则时，若没有协同工作的精神是不可能取得进展的。无论是一个部门内的问题，还是各个部门间的问题，都应在团队中加以解决，因为团队更好地显示了"自我指向的工作组"的特点。团队把在一个区域内工作的大多数或所有员工集中起来，去改进各自领域的质量，全面质量管理团队的所有成员将共同负责，从"团队学习"中获益。团队可以由来自图书馆一个部门的人员构成，也可以是跨部门团队。团队工作重心可以集中在图书馆的多个方面，既可以对他们工作的结果进行评估，也可以通过研究如何改进工作方式来改进某项特定服务。

5. 培训

在实施全面质量管理的过程中，广泛的培训是至关重要的。许多机构在实施全面质量管理后未能取得显著成效，其中一个关键原因就在于他们过于追求短期效果，忽视了为工作人员提供充分的培训。一个高效的全面质量管理过程，需要投入大量的资源，尤其是针对高强度培训的承诺。领导培训、图书馆员培训、特定计划培训以及部门培训，这些都是推动全面质量管理顺利启动所不可或缺的人力资源投资。

如果图书馆的领导者认为可以在不增加任何额外支出的前提下实施全面质量管理，那么该计划成功的可能性将大打折扣。通过培训，员工们能够更深入地理解改进服务对用户的重要性，这种意识将成为未来全面质量管理活动的坚实基础。因此，培训计划的重要目标之一，便是提升图书馆工作人员的技巧和能力。

同时，培训计划还应激发每个图书情报人员的创造力和革新潜能，以促进整个图书馆服务质量的持续提升。

适当的培训将为图书馆提供全面质量管理骨干，然后，管理骨干可以再向其他人传授在他们各自的领域中如何实施全面质量管理的知识和技巧。通过培训来传授如何能适当使用全面质量管理工具和技巧，将给图书馆带来巨大回报。卓越的图书馆服务是一个永恒向前移动的目标，而培训则能够创造框架和结构，帮助指导图书馆追求质量改进。

6. 授权员工和尊重员工

全面质量管理的特点之一就是引起图书馆内文化的变化，决策将由图书馆中最基层的员工作出。今天，许多大型图书馆仍是等级结构，大多数决策仍是由最高管理者作出的。在这种等级结构中，图书情报人员未受到应有的重视。

大多数全面质量管理大师认为，一个组织的大多数问题可追溯至过程本身，很少问题是由员工造成的。因此，他们提倡应停止追究员工的责任，而把更多的注意力放在严格的检查过程和系统上。全面质量管理因授权员工而闻名，一般来说，人们都想把事情做好，都希望以自己的工作而自豪。怀着为其他人提供服务这一强烈渴望，图书馆人员已与全面质量管理自然而然地联系起来，而他们所需要的就是拥有尽可能有效地从事他们工作的权利。因此，消除阻止员工充分发挥作用的障碍就是图书馆管理者的责任之一。全面质量管理强调，图书馆管理者要赋予那些做实际工作的人员权利，以便纠正明显出错的工作和消除为用户服务的障碍。

总之，对于图书馆而言，全面质量管理带来的更深层次利益在于它所催生的文化变革。这种变革鼓励图书馆工作人员积极参与评估各种操作，参与决策图书馆的战略方向，并作为一个高效团队协同工作。服务质量的提升只是表面现象，其更深层次的意义在于它为图书馆提供了转变某些领域、实施以质量为驱动的计划、更加关注用户需求，以及为图书馆注入健康活力的机会。全面质量管理不仅改善了图书馆的服务水平，更在潜移默化中塑造了图书馆的新文化，为其未来的发展奠定了坚实的基础。

第二节　图书馆信息产品与信息服务的质量管理

一、图书馆信息产品的质量管理

质量管理发展到全面质量管理，是质量管理工作的又一个大的进步。统计质量管理着重于应用统计方法控制生产过程质量，发挥预防性管理作用，从而保证产品质量。然而，产品质量的形成过程不仅与生产过程有关，还与其他许多过程、许多环节和因素相关联，这不是单纯依靠统计质量管理所能解决的。全面质量管理相对而言更加适应现代化大生产对质量管理整体性、综合性的客观要求，从过去限于局部性的管理进一步走向全面性、系统性的管理。

(一) 信息产品

信息产品是指在信息化社会中产生的以传播信息为目的的服务性产品。

1. 信息产品的属性

信息产品作为现代经济活动的一种最重要的产出成果，作为现代产品的一个重要组成部分，其本质属性包括以下方面：

(1) 信息产品是信息含量很高的产品。信息产品是对未经加工的信息资源进行加工，或对已加工的信息资源进行再加工而形成的产品，是开发信息资源的结果。信息产品以信息为原料，并在其生产过程中加入人们的信息劳动，这使得信息产品中必然包含着很多的信息。可以说，信息是构成信息产品的主要成分，信息产品中的信息成分远大于物质产品中的信息成分。虽然物质产品中也包含着信息成分，但形成物质产品的原材料是物质，其产出物也是以物质成分为主。以信息为其生产过程的起点和终点是信息产品的一个重要的本质属性。

(2) 信息产品是信息劳动的结晶。信息产品的核心特征，体现在其作为信息劳动的凝结。这一核心特征蕴含了两层深意。首先，信息产品必然是劳动的成果。任何未经人类劳动加工的信息资源，无论是自然界中的动植物或其他自然现象释放的信息，还是人类社会中涌现的原始信息，均不能视为信息产品。这一点是信息产品与一般信息的显著区别。其次，信息产品更侧重于以信息劳动为主导而形成的产品。信息劳动本质上是一种智力劳动，它强调智力的高度运用而非体力的投入。这种劳动源于知识的进步，旨在满足人类不断发展的需求，体现了智力的高度集中和高效利用。在信息产品的创造和提供过程中，智力因素占据了举足轻重的地位。虽然信息劳动与信息活动紧密相关，但并非所有智力劳动都可归为信息劳动。因此，信息产品作为信息劳动的结晶，其独特性和价值不言而喻。

（3）信息产品是以满足人们的信息需求为主的产品。任何产品都能满足一定的社会需求，人们的需求可分为物质需求和精神需求两大类，信息需求是人们在工作、生产和生活中对信息、知识和情报等的需求，信息需求的目的可以是满足精神方面的需求，也可以是为了更好地满足人们的物质需要。而信息产品既可以用来直接满足人们的精神需要，也可以用于物质产品的生产和信息产品的生产，从而生产出质量更高、性能更好的物质产品和信息产品，间接地改善人们的物质生活和丰富人们的精神生活。

2. 信息产品的分类

信息产品丰富多彩，类型众多，可按不同的标准进行分类。

（1）与物质载体具有不同关系的信息。信息产品依据其是否依托于物质载体进行分类，可以明确区分为有形信息产品和无形信息产品两大类别。有形信息产品是指那些必须依赖于物质载体才能存在的信息产品，也称信息物品。进一步细分，有形信息产品根据其内容是否随物质载体形态的变化而变化，又可分为两类。第一类有形信息产品，其特点在于内容稳定，不随物质载体形态的转换而改变。举例来说，如科技信息产品、经济信息产品等，无论其物质载体如何变化，其内在的信息内容始终保持不变。实际上，绝大多数有形信息产品都属于这一类。第二类有形信息产品则与之不同，其内容会因物质载体形态的转换而发生变化。这类产品多涉及工艺、美术等领域的信息产品，其信息内容与物质载体的形态紧密相关，一旦载体形态改变，信息内容也会随之变化。

无形信息产品是指无固定物质载体的信息产品。这类信息产品是可以脱离物质载体而存在的，或者以人脑为贮存载体，或者以声波、电磁波、数字化形式存在的一种特殊的信息产品，特点是不易积累和保存。在课堂教学、广播电视服务、口头咨询服务中，用户只能得到无形的信息。也有人将无形信息产品称为信息服务。如今广泛存在的数字产品和网络产品即属于这一类。

（2）不同加工深度的信息产品。信息产品的生产主要是对信息进行不同程度的加工和处理。按照生产者对信息产品中信息内容的加工深度不同，信息产品可分为零次信息产品、一次信息产品、二次信息产品和三次信息产品。其中：零次信息产品是指只有信息的搜集而未经加工的信息产品，是信息产品中最初级的产品形态；一次信息产品是经过科学研究而得到的信息产品，如论文、专著等；二次信息产品是对一次信息产品进行浓缩、编排而形成的信息产品，如书目、文摘、索引等；三次信息产品是在利用二次信息产品的基础上，对一、二次信息产品进行综合、浓缩加工而成的信息产品，如综述、述评等。

（3）不同劳动特征的信息产品。根据劳动特征的不同，信息产品被划分为物质型信息产品、深化型信息产品和扩张型信息产品三类。这种分类方式有助于我们更好地理解信息产品在劳动过程中的不同特点和价值。同时，针对信息服务，也有学者进行了分类。信息服务被划分为信息的商业性服务、商业或非商业性服务、保证和促成信息交流的服务以及组织团体内部的信息服务四类。这种分类方式有助于我们更好地把握信息服务在各个领域的应用和重要性。另外，还有学者从另一个角度对信息产品进行了分类，将其划分为物质型信息产品、公共型信息产品、深化型信息产品和特殊型信息产品四类。这种分类方式突出了信息产品在不同领域和场景下的多样性和特殊性。

根据劳动特征不同，可以将信息产品划分为以下几个类型：①物质型信息产品。即将同一信息内容和信息量重复翻印而得到的信息产品，此类信息产品类似于物质产品生产，故称之为物质型信息产品，如书刊、音像制品等。②扩张型信息产品。即不断拓宽其信息内容和范围并且增加其信息含量的信息产品，如二次信息产品、数据库等。③深化型信息产品。即对同一内容不断深入加工并且增加其信息量的信息产品，如研究报告、学术论著等。④特殊型信息产品。其信息内容随载体的变化而变化的信息产品，即第二类有形信息产品。

此外，信息产品还可以按其内容的学科性质不同划分为科技信息产品、经济信息产品、政治信息产品、法律信息产品、军事信息产品等类型；按其功能不同划分为决策性信息产品、控制性信息产品、调节性信息产品、组织性信息产品等；按其载体形式不同可划分为口头信息产品、文献信息产品和实物信息产品；

按其交流方式不同可划分为无偿交流型信息产品和有偿交流型信息产品。

（4）数字化、网络化信息产品。数字化产品和网络化产品是属于信息商品的范畴的，它们是信息商品新的发展形式。

第一，数字化产品就是信息内容基于数字化格式的交换物。

数字化产品包括表达一定内容的数字化产品即内容性数字产品，代表某种契约的交换工具型数字化产品。

数字化产品的物理特征有不易破坏性、可改变性、可复制性三个方面：

首先，不易破坏性是指数字化产品的存在依托于一定的物质载体，但是物质是可损坏的，而数字化产品本身是不易被破坏的，只要数字化产品能被正确地使用和存储，那么无论反复使用多少次，数字化产品的质量都不会下降，它是没有耐用与不耐用之分的。

其次，可改变性是指数字化产品的内容是可以改变的，它们很容易被定制或随时被修改，生产商不能控制其产品的完整性。数字化产品一旦在网上被下载，就很难在用户级上控制内容的完整性，尽管有些办法可以验证数字产品是否被改过，如加密技术和数字签名，但程度和范围都非常小。

最后，可复制性。其实大量的信息产品都有可复制性，但是这里是特指复制的边际成本几乎为零的可复制性。这种特性一方面给数字化产品生产者带来了丰厚的利润；另一方面，数字化产品的可复制性又为数字化产品的盗版活动提供了边际生产成本低廉的制造基础，从而给数字化产品生产者带来了巨大的经济损失。

数字化产品不仅继承了信息商品的共性特征，更独具其个性化与定制化的经济特性。这类产品蕴含着丰富的信息内涵，相同的信息内容可以通过多样化的外在形式得以展现，比如选择不同的字体、背景色彩以及插入各式图片，使信息传达更加生动有趣。这种多样化的表现形式主要得益于数字化产品的高度可变性。由于数字化产品易于修改和调整，生产商能够灵活响应消费者的个性化需求，为他们量身定制独一无二的产品和服务。因此，数字化产品在经济特性上展现出强大的定制化和个性化潜力，为市场带来了更多的创新与活力。

第二，网络化产品是以网络为载体的信息商品，这些产品都可以用专门网站提供的搜索引擎来查找，继而消费。网络化信息产品不但具有一般信息产品的内在特征，还有如下一些更为独特之处：

（1）及时性。网络信息产品的购买者可以在生产者刚在网上开始销售该产品的同一时刻及时得到它。

（2）低成本性。由于网上下载或订阅信息产品，消费者无须提供信息产品的载体（如磁带、光盘等），因此销售成本将更低。另外，由于网上销售的市场是覆盖全球的，因此它将激发更多潜在群体的购买欲望。

（3）易被知性。网络信息产品除通过各种广告和其他媒体的宣传外，一旦它与搜索引擎连接，真正需要它的人会很快通过关键词的检索而得到，这比在传统市场中像大海捞针一样去搜寻，效率提高不知多少倍。

（4）充分共享性。信息生产商将加工的信息产品存储在数据库中，可以供成千上万的浏览者在同一时间调用，这种由全球大量用户同时享用同一产品的情形只可能在互联网上才能进行。

（5）可追溯性。网络信息产品如报纸、杂志等除了销售最新的以外，用户还可以购买以往发行过的任何一期，这也是传统媒介难以做到的。这两种信息产品是可以脱离载体存在的，它们可以通过电磁波等形式传播，而且很容易共享，是比传统信息产品更为先进的信息产品形式。

（二）图书馆信息产品的质量要求

1. 以市场为中心的经营原则的确立

市场是企业经营管理的出发点和归结点，是企业一切管理活动的依据。所有成功的管理都是从外到内，依据市场情况决定管理的原则、方式和方法的。这一点同样适用于在市场环境中的图书馆信息产业。以市场为中心的管理定位需要处理好以下几种关系：

（1）现实需求与潜在需求的关系。为了满足市场的现实需求，企业需通过深入的市场调查和分析，明确各类需求的具体内容，并调动一切资源来满足这些需求。而对于潜在的需求，企业不仅要依靠市场调查和分析，更需要发挥创造力和想象力，预测市场的巨大潜力，在风险评估的基础上作出明智的决策，从而创造出新的需求。无论是满足既有需求还是创造新的需求，企业都必须明确自己在市场中的定位，包括精准选择目标市场，以及在竞争激烈的市场中确立自己的独特地位。

对于图书馆信息部门而言，选准目标市场是信息产品开发的首要任务。为此，必须经过系统的研究和调查，深入了解用户的信息需求。在明确用户需求的基础上，图书馆信息部门应结合自身实力和资源条件，有针对性地开发多品种、系列化的信息产品，以满足不同用户群体的需求，从而在市场中占据有利位置。

（2）市场变化与企业特点的关系。市场总是变化莫测，用户的信息需求会随着社会环境的变化而变化，而不同的市场变化也有不同的信息需求，并形成各自需求特权。一般来说，用户都对信息服务的针对性、可异性和时效性要求很高，图书馆信息部门在塑造产品与众不同的个性时，必须有力塑造企业自身鲜明的形象，从而使产品在市场中确立自己的位置，形成自己的风格。

2. 以人为中心的运行机制的确立

以人为中心，从根本上说是探索解决人的权利和需要的合理途径，即建立有效的运行机制。在图书馆信息部门中所谓的"人"包括：馆级领导、职工、用户、经营业务主管。有效处理好这四者的关系将有利于企业的正常运行。很显然，传统的运行机制和管理体制已经无法满足信息产业发展的需要，面对激烈的市场竞争，图书馆信息产业部门有必要建立一套信息开发与利益分配机制、责权机制、激励机制等。

（1）责权机制。作为一个经营型部门，图书馆所面对的是变化莫测的市场和激烈的同行竞争。因此，信息产业部门，不管规模大小，均应该实行经济目标责任制，责任到位。在规定的权力范围内，自主经营，独立核算。经营责任者在职权范围内有一定的决策权、管理权和人事任用权以及合理开支的财权。为防止出现总体管理的失控与不协调，各自为政的现象，在市场经济环境下，随着竞争机制所形成的灵活、分权、分散化的管理趋势，必须同坚强的统一领导与协调相结合，制定科学的集体决策，大事和宏观上坚持统一领导与控制，制定切实可行的统一规章制度，经营责任人由馆级领导聘任。

（2）利益分配机制。责权利统一，分配机制必须同责任制相对应，责任制管理机制才能真正发挥效力。对信息产业部门实行馆、部门、个人兼顾，以馆为主，贯彻效益优先、兼顾公平、奖励优秀的分配原则。

（3）激励机制。职工是企业发展之本，企业运行好坏，关键在于企业内部的职工是否具有高度的凝聚力和集体荣誉感，以及很强的责任心。而这一切的形成需要长时间的积累，同时包括企业经营者的认同和赞赏，也就是说，企业内部必须有完善的激励机制，来鼓励职工的首创精神，充分调动职工的积极性与创造性。

3. 效益与风险观念的确立

（1）效益观念。为经营型部门的图书馆信息产业，在市场经济的浪潮中，需要遵循"投入产出"的法则。这意味着，图书馆信息产业必须直面市场经济的挑战，以"减少投入，增加产出"为效益目标。在投入资源不变的情况下，通过提供高质量的信息产品和服务，满足顾客对质量的期望，进而实现高效益。这不仅是市场规律的体现，也是图书馆信息产业持续发展的必由之路。

（2）风险意识。在企业经营中效益与风险是同时存在的，高效益也就意味着高风险。在信息产品的开发中，其风险存在决策、经营、信用、选题策划等各个方面。可以说是效益无处不在，风险无处不在，要想获得高效益就必须具备风险意识，在经营中制定合理的规划，规避风险，做到有的放矢，不打无把握的仗。

4. 信息产品开发策略的形成

（1）确立竞争优势。在信息公司林立的今天，图书馆面临着激烈的市场竞争，要争得一席之地，关键在于认清自身优势，确立其在市场竞争中的地位。图书馆自身所具备的优势主要有三点：

一是资源优势。信息资源是图书馆开发信息产品的基础，图书馆拥有全面系统、浩如烟海的信息资源，除拥有大量的印刷型文献外，许多图书馆还拥有非印刷型文献资源，这都为图书馆发展信息产业提供了雄厚的物质基础和条件。

二是用户优势。长期以来，图书馆的服务已在社会和读者中树立了良好的形象，拥有一批相对稳定的用户群体。并且作为公益性事业，在用户中的信任度相对较高，许多企业纷纷看中"图书馆"这块金字招牌，提出和图书馆进行项目合作。图书馆完全可以利用自己的名声，在外组织一批稳定的用户群体。

三是服务优势。图书馆进行文献检索的途径与手段较齐全，标准化程度高，馆员有定题服务和专业信息综述的经验，利用现代化设备可以实现馆际互借，资源共享。

（2）产品促销策略。任何产品走向市场，都有一个过程，一种成功的促销手段将会带来意想不到的效果。图书馆开发信息产品应该树立很强的宣传意识，运用合适的促销方式，针对不同的用户采用不同的推销方法。比如，要推销的是关于儿童教育问题的产品，可以采用举办游戏的形式吸引儿童及其家长参加，从而达到推销产品的目的，也可以利用大众传媒、上门推销及产品试用等方式使自己的产品被用户接受。

（3）规模经营策略。企业只有进行规模经营，才能降低生产成本，产生效益。在这一点上，图书馆信息产业部门应该有足够的认识。这关键在于把握信息市场的脉搏，寻求用户的需求规律及特点，把相同或相近的用户需求进行集中归类，并和用户建立相对稳定的关系，随时了解他们的需求动向。此外，要利用现代化服务手段，如计算机联机检索技术等以节省工作环节进行大批量生产。

（4）产品适销性策略。包括产品多品种、高品质和合理的价格。所谓多品种是指在产品开发中力求长项目与短项目、难项目与易项目结合，使得在具体工作中能够保证细水长流，而不会因为外界环境的变化而使信息经营部门无事可做。同时涉足经济、文化、法律等多领域。高品质是以用户的满足程度为标志的，它不同于一般的商品，时效性是用户对信息产品的根本追求。合理的价格表现在定价适度上，定价太高，用户无法接受；定价太低，用户会对产品的质量以及效果产生怀疑，所以适当的定价对用户的购买欲望和购买能力有一定的促进作用。

（三）图书馆全面质量管理体系的具体策略

1. 按照用户需求制定图书馆质量管理评价机制

图书馆全面质量管理理念是以用户服务为基点，其重点就是要构建以用户满意为中心的评价机制并且认真分析结果。图书馆要建立交流平台和科学的服务质量评价体系，交流平台要具有合理的结构、丰富的功能、多样化的形式，并有权威性和普遍性，还应通过问卷调查、个别交流、网上评论等渠道来加强图书馆与用户的相互沟通和交流。图书馆服务质量评价体系要依据各部门的效率和业绩来制定目标和实施策略，确定改善的先后顺序，制订相应的改进计划。

2. 培训全体馆员增强图书馆馆员的质量意识

图书馆全面质量管理是以人本管理思想为基础，其核心在于调动全体工作人员的积极性和潜能。通过实施多样化的激励措施和系统的培训，致力于不断提升每位员工的业务能力，确保他们能在各自岗位上充分发挥价值。鼓励员工以饱满的热情投身于全面质量管理的实践中，培养他们具备高尚的职业道德和敬业精神，从而推动整个馆员队伍素质的整体提升。

在构建和实施全面质量管理体系的过程中，图书馆应积极开展教育、培训和引导工作，帮助馆员明确自己在岗位上的角色定位。鼓励馆员将个人发展与图书馆的发展紧密结合，实现个人与组织的共同成长和进步。通过这样的努力，不仅能够提升图书馆的服务质量，还能够为馆员的职业发展创造更多机会，实现双方的共赢。

3. 完善质量评估体系控制工作全过程

图书馆要建立健全质量评估体系，有效地监管、控制图书馆服务工作全过程。图书馆建立质量评估体系要考虑到评定的工作是否合理，并找出其缘由，明确工作的各项职责，并依据工作情况提出改进措施及期限等，之后还要定期检查和跟踪，对于重大的问题要在规章制度中增加相应内容，防止类似事件再次发生。

4. 评估用户满意度积极改进服务质量

图书馆的服务工作是由馆员、用户、文献资源、服务方式和结果构成的，在用户服务过程中，用户是通过其他四个要素来感受服务，并依据自身对四个要素的感受程度来评价服务工作。图书馆要科学、客观地评价用户满意度，并找出存在问题的原因，积极进行整改，进而推进全面质量管理体系高效、规范地运转，要坚决纠正和妥善处理发生的质量问题。

二、图书馆信息服务的质量管理

图书馆的信息服务质量管理是指为保证和提高信息服务质量，动员图书馆的各个部门和全体员工，综合运用管理技术、专业技术、思想教育、经济手段和科学方法，建立健全服务质量保证体系，对服务的全过程实行有效控制，从而经济地开发、设计、生产和提供用户满意的信息产品与信息服务，做到最适质量、最低消耗、最优生产和最佳服务，最终实现不断提高服务质量的目标。图书馆应根据自身的实际情况和特殊性，有重点地选择适合的要素，建立图书馆特有的信息服务质量管理体系。

（一）图书馆信息服务的质量

信息服务，即信息机构以特定方式向用户传递信息的过程。而信息服务业则是一个专门行业，它涵盖了信息的收集、存储、加工、传递与交流，并通过信息产品为社会提供服务。在其中，图书馆扮演着举足轻重的角色，是传统信息服务业不可或缺的一部分。

现代图书馆信息服务的质量实质上反映了图书馆在满足读者和社会需求方面的能力与特性。这一质量涵盖了两个核心方面：首先，是读者通过图书馆信息服务实际获得的内容与效益，即服务的结果，我们称为服务的技术质量；其次，是读者在获取信息服务过程中所经历的体验与感受，即服务的过程，我们称为服务的功能质量。值得一提的是，技术质量通常可以通过一系列具体指标来进行衡量与评估。

1. 功能性

指读者通过接受图书馆的信息服务，信息需求是否得到了满足。这是读者对图书馆信息服务最基本的要求。

2. 经济性

指读者为了得到图书馆的信息服务所付代价的合理程度。这里所说的代价，不仅包括相关费用，还包括付出的时间、交通上的障碍、为了使用图书馆所必须忍受的种种不便等。

3. 安全性

指读者在接受图书馆信息服务的过程中，人身、财物受到保障的程度。图书馆对到馆读者有保证其人身不受伤害、财物不受损失的责任，要采取一定的措施，提高馆内的安全性。

4. 时效性

指图书馆的信息服务能否及时满足读者的需求，这包括两个方面的含义：一是图书馆提供的信息是否及时；二是图书馆的服务效率是否令读者满意。

5. 舒适性

指图书馆为读者提供的环境的舒适程度。包括馆外是否美观大方，馆内环境是否安静整洁，各种服务设施是否方便实用等。

6. 文明性

指图书馆在提供信息服务的过程中，能否为读者创造出和谐、友好的氛围。

（二）现代图书馆信息服务质量的形成规律

1. 现代图书馆信息服务质量的形成模式

（1）读者对图书馆信息服务质量的预期。在接触某一项信息服务之前，读者会根据过去对图书馆的使用经验或其他信息来源，对图书馆的信息服务质量形成一定的心理预期。这种预期往往成为他们评判图书馆信息服务质量的基准。然而，由于个人的背景、需求以及了解图书馆的渠道各异，读者之间的预期存在显著差异。有些读者对信息服务质量的期待较高，一旦图书馆的服务未能满足这一预期，他们便会感到不满；相反，对于预期较低的读者，即便图书馆的服务水平一般，也可能刚好符合他们的预期，从而给予满意的评价。

（2）读者对图书馆信息服务质量的实际体验。读者在接受图书馆的信息服务时，对质量的体验会受到自身素质、与工作人员交流是否和谐以及当时的情景等因素的影响，因此，不同的读者对同一项信息的实际体验是不同的。如有的读者对图书馆的各项设施、信息获得方式较为了解，就可以充分利用图书馆的现代化设施，从而取得较高的服务质量。而对此不熟悉的读者，在接受信息服务时就有可能遇到障碍，从而降低了信息服务的质量。

2. 现代图书馆信息服务质量的差距分析

读者所感知的信息服务质量与其内心预期之间往往存在差距，这种差距正是导致读者不满的主要原因。因此，缩小这一差距成为现代图书馆必须肩负起的责任。为了有效地缩小这一差距，首要任务是探寻其产生的原因。这些原因主要包括两个方面：

一方面，源于对读者需求工作的不充分重视。当图书馆的领导忽视读者的实际需求，缺乏对读者需求的系统分析，信息服务的提供便会与读者的真实需求脱节，导致读者的实际体验质量与他们的预期质量相去甚远。

另一方面，源于对读者需求的分析不准确。尽管有些图书馆重视需求分析，但由于读者调研工作的设计存在缺陷，收集到的信息可能不准确。即便收集到的信息是准确的，也可能因为组织机构的冗余和沟通不畅，导致信息在传递过程中失真。图书馆领导再基于这些错误或失真的信息作出的决策，自然难以与读者的真实需求相匹配。

（1）信息服务规范的差距。虽然图书馆领导对读者信息服务质量的预期是正确的，但在根据这一认识制定全体工作人员所遵守的服务规范时，出现了差错，结果使得服务规范与读者的预期不一致。产生这一差距的原因，一是图书馆对信息服务质量的目标制定不正确；二是图书馆的高层领导对服务规范的不重视；三是服务规范的制定过程不完善。

（2）信息服务提供中的差距。主要是指图书馆在为读者提供信息服务的过程中，没有达到信息服务规范的要求。产生这一差距的原因主要有：首先，由于服务规范的制定没有广泛吸取工作人员的意见，工作人员对之的认同感不强；其次，服务规范过于复杂，工作人员没有能力达到这一水平；最后，图书馆的设备、工作流程和组织文化与服务规范之间存在冲突，导致服务规范的要求不易达到。

第三节　大数据环境下图书馆资源质量管理建议

一、明确管理目标

图书馆资源质量管理的首要任务是确立清晰明确的管理目标。这些目标不仅涵盖资源的丰富性、准确性、易用性和安全性，还包括提高图书馆资源的获取效率、优化资源配置以及保障用户在使用过程中的满意度和安全性。具体而言，图书馆应致力于构建全面、准确、便捷且安全的资源环境，以满足用户多样化的信息需求。

二、建立质量管理体系

1. 制定资源管理政策

图书馆应制定详细的数字化资源管理政策，明确资源的获取、管理和使用规定。这些政策应涵盖资源采购和选择的标准、版权管理的原则以及用户权限的管理等内容。

2. 建立数字化资源管理团队

图书馆应建立专门的数字化资源管理团队，负责资源的选择、采购、整理和维护等工作。这个团队应由技术人员、图书馆人员和版权专家组成，以确保资源的质量和合法性。

3. 加强技术设施建设

图书馆应投入足够的资源来加强技术设施建设，包括高性能的服务器、存储设备、网络安全设备等。这些设施将有助于提高资源的存储和访问速度，以及保障用户数据的安全性。

三、实施质量管理措施

1. 资源评估与筛选

图书馆应对采集到的资源进行严格的评估和筛选。在评估过程中，应关注资源的来源、内容的准确性和完整性等方面，确保资源的权威性和可靠性。对于不符合要求的资源，应及时进行剔除或替换。

2. 资源整合与优化

图书馆应对各类资源进行整合和优化，提高资源的易用性和检索效率。例如，可以通过建立统一的资源检索平台，实现跨库检索和"一站式"服务等功能。

3. 用户权限管理

图书馆应建立完善的用户权限管理制度，确保用户只能访问其授权范围内的资源。这可以通过设置用户角色、访问控制列表（ACL）等方式实现。同时，也应加强用户身份验证和访问记录的管理，确保资源使用的合规性和安全性。

4. 数据备份与恢复

图书馆应定期备份重要数据，并建立数据恢复机制，以防数据丢失或损坏。这可以通过使用备份软件、存储设备等方式实现。

四、加强质量监控与持续改进

1. 设立质量监控机制

图书馆应设立质量监控机制，对资源质量进行定期检查和评估。这可以通过设置专门的质量监控部门、制定质量监控指标等方式实现。在监控过程中，应关注资源的准确性、完整性和易用性等方面；对于发现的问题，应及时进行整改和改进。

2. 收集用户反馈

图书馆应积极收集用户反馈，了解用户对资源的满意度和存在的问题。这可以通过设置用户调查表、建立用户反馈渠道等方式实现。在收集用户反馈时，应关注用户的真实需求和意见；对于用户反映的问题，应及时进行回应和解决。

3. 持续改进

图书馆应根据用户反馈和质量监控结果，持续改进资源质量管理工作。例如，针对用户反映的问题进行整改、优化资源检索平台、提升用户体验等。同时，图书馆还应关注新技术和新方法的发展，不断引入新技术和新方法，提高资源质量管理的效率和水平。

参考文献

[1] 薛亚许. 大数据与人工智能研究［M］. 长春：吉林大学出版社，2023.

[2] 邢心菊，吕英，陈磊. 大数据环境下图书馆资源管理及其信息化建设［M］. 北京：北京工业大学出版社，2021.

[3] 刘春燕，司晓梅. 大数据导论［M］. 武汉：华中科技大学出版社，2022.

[4] 范春玲. 大数据对图书馆的影响研究［J］. 河南图书馆学刊，2015（1）：125.

[5] 施苑英. 大数据技术及应用［M］. 北京：机械工业出版社，2021.

[6] 张丽娜，范兴丰，李珂灵. 大数据下图书馆信息采集编撰整合研究［J］. 无线互联科技，2018（6）：85-86.

[7] 李建敦. 大数据技术与应用导论［M］. 北京：机械工业出版社，2021.

[8] 黄风华. 大数据技术与应用［M］. 哈尔滨：哈尔滨工业大学出版社，2019.

[9] 张尧学，胡春明. 大数据导论（第2版）［M］. 北京：机械工业出版社，2022.

[10] 葛东旭. 数据挖掘原理与应用［M］. 北京：机械工业出版社，2020.

[11] 娄岩. 大数据技术应用导论［M］. 沈阳：辽宁科学技术出版社，2017.

[12] 王道平，沐嘉慧. 大数据管理与应用系列教材：数据科学与大数据技术导论［M］. 北京：机械工业出版社，2021.

[13] 邓坚. 浅析大数据背景下图书馆信息资源融合的模式与路径［J］. 图书馆界，2023（3）：35-38.

[14] 宋菲，张新杰，郭松竹. 图书馆资源建设管理与阅读服务研究［M］. 长春：吉林人民出版社，2021.

[15] 容海萍，赵丽，刘斌. 图书馆信息资源建设［M］. 广州：世界图书出版广东有限公司，2019.

[16] 王霞，刘伟. 试论大数据背景下图书馆信息资源管理问题［J］. 电脑迷，

2016（8）：92-93.

［17］李朝云. 图书馆人力资源管理探微［M］. 合肥：安徽大学出版社，2011.

［18］张钧作. 图书馆人力资源管理［M］. 北京：中国商业出版社，2020.

［19］吴建中. 走向第三代图书馆［J］. 图书馆杂志，2016（6）：4.

［20］陶丽，张群，陈翔燕. 大数据背景下图书馆知识服务团队建设研究［J］. 新世纪图书馆，2020（·10）：19.

［21］陈丽娟，陈滨，刘海霞. 厦门大学图书馆的绩效考核评价体系［J］. 图书馆论坛，2020，40（1）：149.

［22］陈曼煜. 大数据时代高校图书馆人力资源管理探析［J］. 中国经贸导刊（理论版），2016（9）：44.

［23］刘荻，陈长英，刘勤. 现代图书馆资源管理与推广［M］. 北京：光明日报出版社，2017.

［24］陈鸿. 大数据环境下图书馆决策支持系统的设计与实施［J］. 图书馆工作与研究，2019（1）：72-77.

［25］闫明. 图书馆科技创新信息资源共建共享协作模式研究［D］. 长春：吉林大学，2013：20-28.

［26］张新鹤. 我国图书馆信息资源共享机制的体系构建研究［D］. 长春：武汉大学，2010：120-138.

［27］吴凤玉. 学科知识服务团队及其管理模式研究［J］. 图书情报工作，2005（10）：84-86.

［28］李少波，杨静. 大数据技术原理与实践［M］. 武汉：华中科技大学出版社，2023.

［29］张洪升，付国帅，张正伟. 公共图书馆资源建设与服务研究［M］. 北京：新华出版社，2018.

［30］赵丽琴. 信息技术支持下图书馆资源利用与服务创新研究［M］. 长春：吉林科学技术出版社，2022.

［31］李国翠，郭旗. 图书馆资源建设与管理艺术［M］. 长春：吉林美术出版社，2019.

［32］甘勇，陶红伟. 大数据导论［M］. 北京：中国铁道出版社，2019.

［33］张雪，周毅. 集体馆藏：基于数据驱动的信息资源共建共享模式研究［J］. 山东图书馆学刊，2022（2）：49-54.

［34］吴斌，滕一阳. 大数据入门与实验［M］. 北京：北京邮电大学出版社，2022.

［35］郭畅，杨君普，王宇航，毛松巍. 大数据技术［M］. 北京：中国商业出版社，2022.

［36］方志军. 数据科学与大数据技术导论［M］. 武汉：华中科技大学出版社，2019.

［37］刘静. 云计算与大数据应用研究［M］. 长春：吉林出版集团股份有限公司，2022.

［38］凌霄娥. 图书馆管理艺术与信息化应用研究［M］. 西安：西北工业大学出版社，2020.

［39］朱晓晶. 大数据应用研究［M］. 成都：四川大学出版社，2021.

［40］施强. 大数据、知识服务与当代图书馆学［M］. 杭州：浙江大学出版社，2020.

［41］许丽. 大数据环境下图书馆文献信息资源建设与利用研究［M］. 北京：北京工业大学出版社，2023.

［42］曹素娥. 基于大数据的高校图书馆数据存储模式［J］. 电子技术与软件工程，2019（13）：170-171.

［43］赵吉文. 数据挖掘在高校图书馆智能分析中的应用研究［J］. 数字技术与应用，2019（6）：52-53.

［44］李任斯茹. 智慧服务背景下图书馆数据安全风险规避策略研究［J］. 内蒙古科技与经济，2022（14）：145-147.

［45］陆康，刘慧，任贝贝. 我国图书馆大数据隐私主动式管理研究［J］. 新世纪图书馆，2022（10）：52-55.